陳布雷從政日記

（1936）

The Official Diaries of Chen Pu-lei, 1936

民國日記 ｜ 總序

呂芳上

民國歷史文化學社社長

　　人是歷史的主體，人性是歷史的內涵。「人事有代謝，往來成古今」（孟浩然），瞭解活生生的「人」，才較能掌握歷史的真相；愈是貼近「人性」的思考，才愈能體會歷史的本質。近代歷史的特色之一是資料閱富而駁雜，由當事人主導、製作而形成的資料，以自傳、回憶錄、口述訪問及日記最為重要，其中日記的完成最即時，描述較能顯現內在的幽微，最受史家重視。

　　日記本是個人記述每天所見聞、所感思、所作為有選擇的紀錄，雖不必能反映史事整體或各個部分的所有細節，但可以掌握史實發展的一定脈絡。尤其個人日記一方面透露個人單獨親歷之事，補足歷史原貌的闕漏；一方面個人隨時勢變化呈現出不同的心路歷程，對同一史事發為不同的看法和感受，往往會豐富了歷史內容。

　　中國從宋代以後，開始有更多的讀書人有寫日記的習慣，到近代更是蔚然成風，於是利用日記史料作歷史

研究成了近代史學的一大特色。本來不同的史料，各有不同的性質，日記記述形式不一，有的像流水帳，有的生動引人。日記的共同主要特質是自我（self）與私密（privacy），史家是史事的「局外人」，不只注意史實的追尋，更有興趣瞭解歷史如何被體驗和講述，這時對「局內人」所思、所行的掌握和體會，日記便成了十分關鍵的材料。傾聽歷史的聲音，重要的是能聽到「原音」，而非「變音」，日記應屬原音，故價值高。1970 年代，在後現代理論影響下，檢驗史料的潛在偏見，成為時尚。論者以為即使親筆日記、函札，亦不必全屬真實。實者，日記記錄可能有偏差，一來自時代政治與社會的制約和氛圍，有清一代文網太密，使讀書人有口難言，或心中自我約束太過。顏李學派李塨死前日記每月後書寫「小心翼翼，俱以終始」八字，心所謂為危，這樣的日記記錄，難暢所欲言，可以想見。二來自人性的弱點，除了「記主」可能自我「美化拔高」之外，主觀、偏私、急功好利、現實等，有意無心的記述或失實、或迴避，例如「胡適日記」於關鍵時刻，不無避實就虛，語焉不詳之處；「閻錫山日記」滿口禮義道德，使用價值略幾近於零，難免令人失望。三來自旁人過度用心的整理、剪裁、甚至「消音」，如「陳誠日記」、「胡宗南日記」，均不免有斧鑿痕跡，不論立意多麼良善，都會是史學研究上難以彌補的損失。史料之於歷史研究，一如「盡信書不如無書」的話語，對證、勘比是個基本功。或謂使用材料多方查證，有如老吏斷獄、

法官斷案，取證求其多，追根究柢求其細，庶幾還原案貌，以證據下法理註腳，盡力讓歷史真相水落可石出。是故不同史料對同一史事，記述會有異同，同者互證，異者互勘，於是能逼近史實。而勘比、互證之中，以日記比證日記，或以他人日記，證人物所思所行，亦不失為一良法。

從日記的內容、特質看，研究日記的學者鄒振環，曾將日記概分為記事備忘、工作、學術考據、宗教人生、游歷探險、使行、志感抒情、文藝、戰難、科學、家庭婦女、學生、囚亡、外人在華日記等十四種。事實上，多半的日記是複合型的，柳貽徵說：「國史有日歷，私家有日記，一也。日歷詳一國之事，舉其大而略其細；日記則洪纖必包，無定格，而一身、一家、一地、一國之真史具焉，讀之視日歷有味，且有補於史學。」近代人物如胡適、吳宓、顧頡剛的大部頭日記，大約可被歸為「學人日記」，余英時翻讀《顧頡剛日記》後說，藉日記以窺測顧的內心世界，發現其事業心竟在求知慾上，1930 年代後，顧更接近的是流轉於學、政、商三界的「社會活動家」，在謹厚恂恂君子後邊，還擁有激盪以至浪漫的情感世界。於是活生生多面向的人，因此呈現出來，日記的作用可見。

晚清民國，相對於昔時，是日記留存、出版較多的時期，這可能與識字率提升、媒體、出版事業發達相關。過去日記的面世，撰著人多半是時代舞台上的要角，他們

的言行、舉動，動見觀瞻，當然不容小覷。但，相對的芸
芸眾生，識字或不識字的「小人物」們，在正史中往往是
無名英雄，甚至於是「失蹤者」，他們如何參與近代國家
的構建，如何共同締造新社會，不應該被埋沒、被忽略。
近代中國中西交會、內外戰事頻仍，傳統走向現代，社會
矛盾叢生，如何豐富歷史內涵，需要傾聽社會各階層的
「原聲」來補足，更寬闊的歷史視野，需要眾人的紀錄來
拓展。開放檔案，公布公家、私人資料，這是近代史學界
的迫切期待，也是「民國歷史文化學社」大力倡議出版日
記叢書的緣由。

導言

劉維開

國立政治大學歷史學系教授

一

　　陳布雷（1890年11月15日－1948年11月13日），
浙江慈谿人，原名訓恩，字彥及，筆名布雷、畏壘。早年
為記者，之後從政，歷任國民政府軍事委員會侍從室第二
處主任、國防最高委員會副秘書長、中國國民黨中央政治
委員會秘書長等職，是蔣中正在大陸時期最倚重的幕僚，
信任之專，難有相比者。從政日記，開始於1935年3月1
日，終止於1948年11月11日逝世前夕，前後十三年又八
個月。事實上，在此之前亦有日記，1935年10月12日，
陳氏曾「整理舊篋，得民國十一年之舊日記三冊，重讀一
過，頗多可回味之處。」然這部份的日記至今並未得見，
僅能於其《回憶錄》了解一二。

二

　　關於《陳布雷從政日記》的流傳經過，陳氏八弟
陳叔同應《傳記文學》社長劉紹唐之邀，撰〈關於陳布雷

日記及其他〉（《傳記文學》第55卷第5期，1989年11月）一文說明。根據陳叔同的記述，陳布雷逝世後，家屬曾將其於1936年及1940年所撰寫之《回憶錄》，即出生至五十歲止之求學與工作經歷，以原始親筆墨蹟於1949年初出版。「不久時局危殆，政府各機關紛紛撤離大陸，正當上海行將淪陷之際，又匆匆將布雷先生自民國二十四年一月起至三十七年十一月十二日其逝世前夕止的親筆日記，全部以拍照縮製卅五米厘微膠卷，裝置小盒，由大陸帶出，分藏於美、臺各家人手中；而日記原稿數十冊，仍留置上海無法運走。」「日記原稿，為毛筆字書寫之十行紙簿本，整十三年之日記，多達數十冊，約五百七十萬字。經製作微膠卷，重僅三百公克，雖當時製作微膠卷技術，遠不如今日，但能安全攜出布雷先生日記於自由地區，實為一大幸事。」日記膠卷攜出後，陳氏家屬一直未作任何處理，至1961年間，臺北方面家屬考慮日記閱讀方便，並能妥善保存，認為似宜設法排印，乃先將每一膠片沖印為5乘7英吋照片，達可直接目視閱讀之程度，以利排版，復由陳布雷六弟陳訓悆於《香港時報》社長任內，在香港排印三十部，每部五冊。

　　陳布雷日記之排印本，起自1935年3月1日。先是陳氏於1934年5月受蔣中正延攬，任軍事委員會委員長南昌行營設計委員會主任。1935年2月，蔣氏修改侍從室組織，分設一、二兩處，以陳氏為侍從室第二處主任兼第五組組長。3月1日，軍事委員會委員長武昌行營成立，陳

氏參加成立典禮,並於是日起始為日記,謂:「自三月起始為日記,自是日日為之,未嘗中輟焉」。日記結束於1948年11月11日,為逝世前二日,時任中國國民黨中央政治委員會秘書長。因日記所涉時間,為陳氏從事政務階段,家屬乃將其題名為「陳布雷先生從政日記」。復以「布雷先生從事黨政工作數十年,雖無顯赫官位,但大部時間,均為輔佐決策當局,暨任總裁文字之役,其內容多涉當時決策及中樞官員,我家人亦深知布雷先生日記之發表殊非所宜」(陳叔同文),因此於題名加「稿樣」兩字,為「陳布雷先生從政日記稿樣」,表示僅為樣書並非正式出版品,由居住在大陸以外地區之家屬各自保存,作為紀念。2016年1月,美國史丹福大學胡佛檔案館宣布由陳布雷侄兒陳迪捐贈的陳布雷日記將完整對外公開。陳迪為陳訓悆長子,因陳布雷日記原件目前藏在南京的中國第二歷史檔案館,該日記應為當年排印《陳布雷先生從政日記稿樣》之依據。

三

《陳布雷先生從政日記稿樣》完成後,並未對外界透露,僅由陳訓悆檢送一套呈報蔣中正鑒核。至1988年2月,南京中國第二歷史檔案館出版的《民國檔案》刊登〈陳布雷日記選－1936年1月－2月〉,首度揭露陳布雷有日記存世。次(1989)年底,臺北《傳記文學》轉載

〈陳布雷日記選－1936年1月－2月〉，同時發表前述陳叔同撰寫之〈關於陳布雷日記及其他〉一文，外界始知除日記外，尚有日記排印本由家屬保管。

對於《民國檔案》及《傳記文學》刊登陳氏日記一事，陳叔同於該文中表示「時至今日，此一四十年前涉及政務黨務之私人日記，早因時移世遷，當事人十九亡故，再無密而不宣之必要」，但為避免日記出現刪節或斷章取義等問題，「亟願布雷先生日記持有人，能儘早主動予以公開發表，以減少其被竄改與造謠欺世之機會」。《傳記文學》社長劉紹唐亦於該文文末「編者按」中，表示：「本刊正試洽此一日記稿本交由本刊連載之可能性」，然似乎未有結果。2002年9月，陳氏長孫陳師孟出任總統府秘書長後，將《陳布雷先生從政日記稿樣》全套五冊捐贈國史館典藏，並同意提供研究者參閱。此後，陳布雷日記排印本正式對外公開，研究者得以參閱，撰寫相關主題。其中東海大學歷史研究所沈建億在呂芳上教授指導下，完成碩士論文《蔣介石的幕僚長：陳布雷與民國政治（1927-1948）》，為日記公開後，第一篇以陳布雷為主題進行研究之學術論文，內容嚴謹，頗受外界好評。

留置在上海之陳布雷日記原稿，據復旦大學歷史文獻學博士鞠北平在其學位論文《陳布雷文獻資料研究——從議政到從政》中敘述，文化大革命時被抄家抄走，後來輾轉流傳到了上海市檔案館。文化大革命結束後，上海市檔案館將日記歸還家屬，家屬復將日記原件捐獻南京中

國第二歷史檔案館。該館於1988年在《民國檔案》第一
期上，選刊1936年1至2月日記的內容，之後未再繼續，
原件迄今未對外公開。目前大陸方面有兩個日記版本曾
經為研究者運用。一是由陳布雷二子陳過保存之《畏壘室
日記》影印件，該件據《陳布雷大傳》作者王泰棟轉述陳
過說明，乃因日記原稿委託中國歷史第二檔案館保管，該
館依例複印三套給家屬，此為其中一套，共二十九本，自
1935年2月至1948年11月11日，缺1941年上半年一本。
王泰棟撰寫《陳布雷大傳》、《陳布雷日記解讀──找尋
真實的陳布雷》及寧波大學戴光中撰〈從陳布雷日記看其
晚年心態〉等，乃依照此版本。一是上海市檔案館之抄寫
本，該館將日記原稿歸還陳布雷家屬時，曾經留下了複印
本，爾後由複印本衍生出抄寫本。鞠北平撰寫博士論文時
所參考陳氏日記，即是其導師、上海市檔案館研究館員
馮紹霆提供的抄寫本。抄寫本的內容從1935年3月1日到
1948年6月30日，缺少最後四個半月。

四

　　日記是研究歷史人物的重要素材，不僅可以研究傳
主一生經歷與思想，同時也可以研究與其相關人物之生平
與思想。陳布雷日記每日以敘事性方式記錄，自起床至就
寢，整日的工作情況，時間、地點、人物相當明確，內容
包括處理公務、會客、出訪、談話等，簡要翔實，1935

年、1936 年日記並有摘錄各方呈送報告內容，實際上就
是他的工作日誌。1935 年，陳氏曾隨蔣氏至四川、貴
州、雲南等地巡視，對於地方政情及風俗民情多有記錄，
可作為抗戰前中央對於西南地區理解之參考。

　　陳氏亦於日記中記錄其自我檢討或對人事之個人意
見，為理解其心態之重要參考。如1935 年 7 月27 日，陳
氏以長篇文字反省其短處，列出八項缺點，以及四項「急
救之道」與應學習對象，曰：「今晨澈底自省余之短處，
不一而足，憤世太深而不能逃世，此一病也。自待甚高，
而自修不足，此二病也。既否定自身之能力，而求全好勝
名心未除此三病也。憤激之餘，流於冷漠，對人對己均提
不起熱情，甚至事務頹弛，酬應都廢，而託於淡泊以自解
此四病也。對舊友新交，親疏冷暖，往往過當，有時興酣
耳熱，則作交淺言深之箴規，無益於人，徒滋背憎此五病
也。對於後進祗知獎掖，不知訓練，又不知保持分際之重
要，對於部屬，祗知涉以情感，不知繩以紀律，此六病
也。對於公務，不知迅速處理，又不能適當支配，遲迴審
顧，遂多擱置，此七病也。手頭事務不能隨到輒了，而心
頭時常牽憶不已，徒擾神思，益減興趣，此八病也。受病
已深，袪之不易。但既不能逃世長往，則悠悠忽忽，如何
其可。急救之道宜從簡易入手。一、戒遲眠；二、戒多
言；三、勿求全；四、勿擱置太久。（五日一檢查）其在
積極方面：安詳豁達，宜學幾分大哥之長處；熱情周至，
宜學幾分四弟之長處；處事有條理宜學幾分黎叔之長處；

交友處世，不脫不黏，宜學幾分佛海之長處；循此行之，庶寡尤悔乎。」在1935年11月中國國民黨五全大會之後，陳氏深感體力心力交疲，兼以黨政機構改組以後，人事接洽，甚感紛紜，乃向蔣氏請准病假一月，杭州養病。在此期間，陳氏對於自身精神狀況多有檢討，如12月20日記道：「自念數年來所更歷之事，對余之志趣無一脗合、表面上雖強自支持，而實際無一事發於自己之志願。牽於情感，俯仰因人。既不能逃世長往，又不能自伸己意。至于體認事理，則不肯含胡，對於責任又過分重視。體弱志強心羸力絀。積種種矛盾痛苦之煎迫，自民十六年至今，煩紆抑鬱，無日而舒，瀕於狂者屢矣。每念人生唯狂易之疾為最不幸，故常於疾發之際，強自克制，俾心性得以調和。亦賴友朋相諒，遇繁憂錯亂之時，往往許以休息，然內心痛苦，則與日俱深。頗思就所經歷摹寫心理變遷之階段，詳其曲折，敘其因由，名曰『將狂』，作雜感式之紀述，或亦足供研究心理變態者之參考也。」

　　陳布雷交遊甚廣，在日記中留下了大量的交往記錄，大體而言，可以分為幾個部分：家人、早年就讀浙江高等學校的同學、任教寧波效實中學之同事、新聞圈友人、侍從室同僚、中央及地方黨政人士等，其中尤以最後兩部分在日記所佔分量最多，有時亦會記下對人的品評或個人感想，頗具參考價值。如1936年10月26日，聞湖北省政府主席楊永泰於前一日在漢口碼頭遇刺身亡，記道：「暢卿為人自負太高，言論行動易開罪於人，一般對之毀

譽不一，然其負責之勇，任事之勤，求之近日從政人員中亦不可多得。竟死非命，至足惜也。」陳氏與楊永泰共事頗久，此段評論，當為近身觀察所得，可為理解楊氏行事之參考。再如1936年12月7日，陳氏閱報知黃郛因肝癌病逝，記道：「黃氏智慮周敏，富於肆應之才，然兩次當外交之衝，均蒙惡名以去，病中鬱鬱，聞頗不能自解，竟以隕身，亦時代之犧牲者。」此段記述對於理解黃郛，乃至黃氏與蔣中正關係之變化，提供了若干訊息。

另一方面，陳氏作為蔣中正之重要幕僚，除代擬文稿、參與會議外，日常與蔣氏接觸頻繁，亦常奉指示，就重要決策徵詢黨政相關人士意見，這些過程往往記錄於日記，提供理解蔣氏之側面資料。如1936年5月，陳氏隨侍蔣氏自廬山返京，於九江搭艦至蕪湖，途中與蔣氏作三十分鐘之談話，詳述其對於國事之觀察及自身心理煩悶之由來，蔣氏勸其注意身體，以和而不同為立身之準則，記道：「委員長謂：種種消極悲觀，多由身體衰弱而起，宜節勞攝生，對人對事則仍須保持獨立之見解，以和而不同為立身之準則可耳。」（5月4日）是年9月，成都事件、北海事件相繼發生，中、日兩國緊張情勢升高，蔣氏時在廣州，各方催促其返回南京之電報不斷，陳氏於23日記道：「行政院各部會長昨聯電促委員長歸京，今日孔副院長亦來電請歸京主持，均奉批『閱』字，但對余言：此間事畢，則歸京耳。」復記：「晚餐畢，委員長來侍從室，命予同往散步。旋同至官邸，侍談甚久。見委員長從容鎮

定，對國內政治等仍從容處理。略談外交形勢，亦不如京中諸人之憂急無措，但微窺其意，當亦以大計無可諮商為苦。」再如1948年4月，中國國民黨六屆臨時中全會堅持欲推蔣中正為行憲第一任總統候選人，與蔣氏原意不合，6日晚，蔣氏與陳談話一小時餘，談話內容如何，不得而知，但陳氏於次（7）日日記記錄對蔣談話之感想，曰：「追繹委座昨日之談話，知其對中樞散漫情形甚關懷念，然積習相沿，遺因已久，蓋在第四次代表大會時始矣。今日欲圖補救，確非重振綱紀不可。此決非另起爐灶之謂，實應痛下決心，由中樞諸人衷心懺悔，改革制度，改革作風，刷新人事，多用少壯幹部。而任用幹部，則以公誠與能力為第一標準，如此一新耳目，庶克有濟。今日領袖不能再客氣姑息，黨員不能再諉過塞責了事，非一新耳目，不足以使本黨存在，以號召國人。然環顧黨中能自反自訟者寥若晨星，新幹部亦未作適當之培養，念之殊為憂心悄悄也。」4月12日，蔣氏主持總理紀念週講話，內容關係黨紀黨德及對部分國大代表主張修憲之意見，次日《中央日報》僅有六行的篇幅報導。陳氏則於日記記錄蔣講話重點：「注重黨德，遵守黨紀，決不可以私害公，亦不可對外自損黨的信譽。現值非常時期，應知國恥重疊，國難嚴重，切不可議論紛紜，使大會曠日持久，遷延時日。要知拖延大會日期，使吾人不能專心努力於戡亂，正為共產黨所求之不得者。至於憲法未始不可修改，然此次以不修改為宜，即或顧及戡亂時期之臨時需要，亦應以其他方法求

變通之道。關於擴大國民大會職權及設置常設委員會，萬
不可行。至戡亂完畢時，自可召集第二次大會。」對於探
討蔣氏之心態，具有相當參考價值。

　　陳氏於1948年11月13日去世，1948年為其最後一
年日記，而該年亦是中華民國實施憲政的第一年。行憲伊
始，對於政府而言，各種問題，紛至沓來，陳氏周旋其
間，精神負擔沉重，對黨內諸多現象，憂心不已，於日記
中多有反映，深感「黨內情形複雜，黨紀鬆弛，人自為
謀，不相統屬」，（5月5日）藉由其日記所記，不僅可
以揣度陳氏在這一年之心境轉折，亦可知除軍事之外，
政府與蔣中正在政治上所面臨的困境，對於1949年大變
局，能有更深一層的理解。

　　《陳布雷先生從政日記稿樣》自史政機構對外公開
後，數十年來已廣為學者參閱，相關研究著作陸續出現。
然《陳布雷先生從政日記稿樣》原意並非提供研究之用，
閱讀上仍有不便。今民國歷史文化學社以該書為基礎，重
予校對排印，公開出版，以期為民國史研究者提供重要參
考資料。此不僅對國民政府、軍委會內部運作之研究、對
蔣中正研究，以及民國史相關研究，均具重要意義。對陳
布雷個人，其文字造詣深，忠勤任事，而生活淡泊，日記
記事更給予後人諸多啟示。

編輯凡例

一、本套日記為原東南印務出版社編印，但最終並未發行之《陳布雷先生從政日記稿樣》，自1935年3月1日起，至1948年11月11日止。

二、本套日記依原東南印務出版社編印之版本，重新以橫式排版，與原書排版方式不盡相同。

三、古字、罕用字、簡字、通同字，在不影響文意下，改以現行字標示；原手民誤植之處則直接修正，恕不一一標注。

四、部分內容為便利閱讀，特製成表格，並將中文數字改為阿拉伯數字。

目　錄

民國 25 年

1 月 1 日　星期三　雨

九時三十分起。

迪先、華生、式欽來賀歲。

十時，朱敷庭督學來談視察本省學務之所見。十一時陳希豪君來訪。

酉生來賀歲，談別後半年事，兼及教廳諸同人狀況，邀與共飯，二時許去。

午後擬往六桂坊訪大哥，適七弟、九妹來，遂未往。

今日元旦，各校給假，泉、皋、細、憐均以校中有事未歸，皚兒下午回寓。

四時許四弟夫婦攜諸姪及姪女來賀歲，四弟以余等將移寓金陵，頻頻挈眷過訪，慰余寂寥，其意可念。晚餐後始別去。幼姪思佛臨行忽欲留止余家，遂留宿焉。

曉滄過訪談浙大事，兼及大學教育之方針，並贈余故宮日曆一幀。

夜讀滇繫，藝文略載王文成一聞，其論甚偉，節錄之如下：

節錄王守仁寄楊邃菴閣老書

……萬斛之舵，操之非一手，則緩急折旋，豈能盡如己意。臨事不得專操舟之權，而僨事乃與同覆舟之罪，此鄙生之所謂難也。夫不專其權而漫同其罪，則莫若預逃其任。然在明公亦既不能逃矣，逃之不能，專又不得，則莫若求避其罪，然在明公亦終不得避矣。天下之事果遂卒

無所為乎？夫唯身任天下之禍，然後能操天下之權，操天
下之權，然後能濟天下之患。當其權之來得也，其致之甚
難，而其歸之也，則操之甚易。萬斛之舵平時從而爭操之
者，以利存焉。一旦風濤顛沛，變起不測，眾方惶惑震
喪，而誰復與爭操乎！於是起而操之，眾將恃而無恐，而
事因以濟。苟亦從而委靡焉。固淪胥以溺矣。……君子之
致權也有道：本之至誠，以立其德；植之善類，以多其
輔；示之以無不容之量，以安其情；擴之以無所競之心，
以平其氣；昭之以必可奪之節，以端其向；神之以不可測
之機，以攝其奸；形之以為可賴之智，以致其望；坦然為
之，下以上之；退然為之，復以先之。……在倉卒之際，
身任天下之禍，決起而操之耳。夫身任天下之禍，豈君子
之得已哉？既當其任，知天下之禍將終不能免也，則身任
之而已。身任之而後可以免於天下之禍。

十二時寢。

1月2日　上午陰、午後晴

九時起。

上午在家讀書未出門。皋兒、憐兒假歸，細兒午後
亦歸家。

以神經未復，繼續打針，請西湖醫院周醫士注射
Bioplastina 一針。此後擬每日注射一針。程遠帆兄來訪，
遠帆新任浙江財政廳長，昨甫接事也。

午後三時天氣暢晴，十日來非陰即雨，窒悶不堪，

今乎開霽，精神為之一爽。

志成夫婦來賀歲，午後四時後去。

致學素一電，告病狀，約定十日後回京。

四時至大哥處，途遇貞柯，邀與同去。孟姪、仲姪均在彼，即在大哥家晚餐，談敘至夜午始歸。允默胃痛復作，嘔吐甚劇，至一時始止。

1月3日

晨醒，覺疲甚，且骨節酸痛，睡至十一時三十分起。

午泉兒自校歸家，午餐後忽忽又去。詢之曰：校內今晚有大會，須往師長及同學處接洽準備也。此次浙大學潮，由愛國運動而轉移於反對校長，初起時聞泉兒並未參與，嗣以同學情感激昂，舉動逾分，學生中之穩健者感於前途危險，曠日持久，將於學校不利，遂由旁觀地位起而主張。據泉兒自述：謂彼即係溫和派之一分子，於後半段始積極參加者。其意在抑制激烈派，勿使過分云。泉兒天性謹愿，自近日觀之，乃為該校學生運動之中堅，殊出余意計之外。回憶少時好事，每每不得已攘臂而起，又往往推挽由人，欲罷不得，今泉兒之作為殆與余少時相類，遺傳之可信也如是夫。

午後因打針未出遊，辜負好天氣。四弟、黎叔、子翰先後來談，九時始散去。

十一時就寢。

1月4日　星期六　晴

八時三十分起。

以天時晴美，允默提議往遊玉皇山，視時計已將十時，恐來往路遠，歸來在午餐後，乃改計率幼姪思佛登寶石山。出門遇任天來訪，遂與同遊。在塔下休憩多時，購果物分食之。任天以出處詢余意見，勸其安心任事，不汲汲求功，旋即別去。余等乃向西行擬往初陽台，以初晴積雪未融，道阻不可行，乃改從東道，經療養院下山。復循山下小徑出石塔兒頭，遣思佛隨訓清先歸，余等再經白堤繞道孤山而歸。堂兄適下值，相遇于斷橋之側，遂同遊焉。一時回寓午餐。

午後待醫生打針，四時始來，遂未出遊。接學素三日發快信。接圻兄、慶標兄、明、樂兩兒函。

夜依孝叔來訪，六十老人為門者以自給，境遇可憫。思佛見有老者在座驟覩其扁相之臉失聲驚啼，合座皆笑。

十一時寢。

1月5日　星期日　上午微雪、下午雨

九時四十分起。

整理書篋，將前在滇、黔攜歸舊籍分類庋藏之。

就嗣父母像前設祭，率鎧兒等祭拜，遂除像焉。

午壽毅成兄來訪，談滬上金融界情形及遠帆就任浙財廳事。

午後三時，更生自海寧來訪，謂遠帆擬約其入財廳

任主任秘書，彼以余有約在先，且主任秘書名義太隆，不
易辦事；仍擬偕余入京，對遠帆決婉辭之，余深感彼相助
之意，唯為遠帆計，恐不易再覓一同等之臂助，乃以電話
詢遠帆意見，遠帆即來談，表示不強更生以所難，遂決定
勸更生入都，擬到京後請於蔣先生任為侍從室秘書。

　　思佛來余家四日，午後四弟著車夫接回，臨行牽衣
道別，頗露依依之態。夜與允默談家事，十一時睡。

1 月 6 日　星期一　雨、夜下雪

　　九時三十分起，陰雨不止，未能出遊，以舒心臆，
悶悶殊甚。

　　前從歐陽九淵與贈其尊人竟無先生所輯「四書讀」
一書，在京匆匆未暇讀也，此行攜置篋中，今日無事取
而盡讀之，自十時起至下午四時始卒業；歐陽先生（竟
無）對儒學以明心見性為宗，列中庸為首，而以陽明所
註之大學次之（從陽明說以大學為戴聖所撰），於論語、
孟子則重為分析釐次：論語定為勸學、君子小人、為學、
仁、禮、性天、達道、為政、聖德、群弟子、古今人等
十一篇；孟子定為氣、士、民、義利、王霸、仁政上、
仁政下、孝弟、君臣朋友、學、非彼、自宗等十篇。各
繫以序，所以針砭末俗，匡救世變者，言之唯恐不切，
念佛人之熱腸不可及也。

　　傍晚寒甚無聊，約黎叔、貞柯等，往清和坊王順興飯
店小飲，吃魚頭豆腐，允默近來不多飲酒，今晚亦勉盡三

爵焉，歸途市果物攜歸佐談，黎叔等九時三十分去，十一時寢。

1月7日　星期二　雨

九時三十分起。

留杭休養已十六日，腦病仍未痊癒，心思散亂不可整理，昨晚作兩函覆親友，指爪木僵不聽命，所作之字與平時手跡大不同，視神經亦大壞，望電燈光昏黃如在霧中，每位朋友過談稍久，去後輒留所談之事腦際，夜必入夢，拂拭不可去，神經之疲弱至此，如何！如何！

午後學素自京來，談京中近事及中政會與侍從室五組之情形，彼意望余早日回京銷假，余亦知久曠職務，將令各事延擱，愈久愈不可理，然精神不振如此，到京後人事之應付，事務之處理，紛雜而至，必又引起鬱怒不寧之心理，進止之際，殊期自決也。

四弟攜李生絜非、陳生豪楚來訪，兩生年均未滿三十，皆英英好學殊可愛。

晚飯後神思太壞，煩躁異常，八時三十分即就寢。

1月8日　星期三　雨

九時起床，以昨晚睡不寧帖，覺頭腦昏暈極不快。

學素今晨去教廳訪友，十二時偕望兄來午餐，談京中友人對余病假之議論及彼自身之觀察，力勸余宜早日銷假，在此時期曠職家居，無以求諒于人，余匪不知之；然

病魔之來非人所能前知，及其既來，推之不去，如日內稍癒，余固當即日回京，以減少心理之痛苦；若如最近三日之情狀，則到京不久，必再病再假，在個人固覺滑稽，於公務亦無裨益，遂遣學素先回以病狀告京友，余之行止，則在此三日內決定之。

以體弱難痊，允默主張購人蔘服之，望兄為購一枝重八錢，自今日起分七天服之。

午後偕允默外出散步，經白堤過孤山，循西冷橋側而歸。

夜讀佛矢先生遺著悲華經合詩，覺詩題太單調，季陶所論洵然，十一時寢。

1 月 9 日　星期四　陰雨

九時三十分起。

陰雨又五天矣，此次來杭，略不得遊覽之樂，且天容陰沉，愈使心胸黯澹，於療養大不相宜，此亦病體難痊之一原因也。

致吟苡兄一函，詳告到杭後之病狀，以神經衰弱症之痛苦，非身患者不能知，驟視容色，固不殊於常人，吟兄所患與我正同，非彼無能知余者，特恐愁人說向愁人，益增彼之感慨耳。午後允默出外訪友，余以久不晤大哥，亦去六桂坊一行，適左湖先生在彼家，不見二年餘矣，執手勞問謂余太辛苦，出視其近來所為文，格律謹嚴不苟，知其神氣完足，故年來累遭拂逆，而無衰狀也。旋貞柯、

祖望等亦來，今晚大哥本有朱守梅家之約，以余在彼特辭
謝朱宅之約，治饌相餉，飲酒稍過量，與諸君及姪輩，談
至深夜始歸，允默患胸疾，輾轉未成眠。

1月10日　星期五　雨

十時起。

接上海長途電話，吟苡兄聞余病狀，極不安；囑旦
文姨氏力勸余，切不可勉強扶病入京，宜再續假，待全痊
後再往，余此次之病，友人及同事多以表面觀察，斷為尚
輕，獨吟兄關切如此，信乎同病相憐之誼為不虛，而神經
衰弱患者之所以痛苦無告也。

繼續閱讀陸宣公集，憐兒來募水災捐，以銀幣五元、
衣服十餘襲畀之。

午後電蔣先生告病狀，請自寒日起，再給病假一星
期，並電楚傖、君武請協助主持中政會秘書處，又電季陶
先生告病狀。

接汪荻浪兄函，慰問病狀；接君武函，告中政會專
門委員會名單已通過。

夜四弟挈宜陵、思佛來談約二小時去，兩姪留宿余
家，十一時寢。

1月11日　星期六　陰

九時三十分起。

接蔣先生覆電：囑安心靜養，不必急急入京，假期

即再展延十天亦可。誦電感激無量，余此次因病請假，京中猜測紛紛，有謂因不滿意於政治組織而稱病者；有謂因人事關係而拂袖以行者；甚至謂對某種職務，未獲任命而失望者；大抵皆誤認余為有「政治抱負」（即作官興趣之謂）或政治慾望之一人，而鮮有同情於余之病苦者。獨蔣先生始終諒解，寬其督責，多方安慰，語有之，人之相知，貴相知心，蔣先生之知人，每能洞見其肺腑，斯非常人所可企及也！

覆君武、荻浪各一函，繼續圈讀路宣公集。

傍晚天色稍霽，出門沿湖堤散步，自瑪瑙寺循新闢之葛嶺路至鳳林寺，徘徊眺望久之而歸。夜黎叔過談，蕉五兄以會考閱卷來杭，擬與約談知已睡未果，十一時寢。

1 月 12 日　星期日　晴、午後陰

九時起。

陰雨七日，今日天竟放晴，晨起倚樓眺望，南山猶在煙霧籠罩下，日光耀激，景色甚麗；十時後雲漸散，紅日滿湖，晴窗獨坐，暢然怡適。

陸步青君郵致其父敬齋先生行狀，為作誄詞一首寄之。

午後子韜來寓，旋黎叔、酉生亦來，以天時晴朗，約遊靈峯看梅花；本約貞柯、四弟同往，以史地學會開成立會無暇，余等二時三十分，以汽車抵玉泉，望兄同遊捨車而步行，四十五分鐘抵靈峯寺，坐補梅盦甚久，寺內外梅花均未放，苞萼亦未綻也；而遊人獨多，晤蔡仲謙、趙

碩仁諸君，四時離寺循原路回，由玉泉至靈峯寺，為一公里三。

夜與諸君小飲於西悅來，貞柯、四弟、允默及永甥均至，頗復醉飽，歸已九時三十分矣，十一時寢。

1月13日　星期一　雪

九時二十分起。

昨在靈峯道中，陰霾中見日光透露，顧其景而樂之；子翰謂明日或將下雪，此所謂開雪眼也。今晨天氣陰沉，十時以後果下雪，不密而大，未半小時，庭院皆白，至午積雪二寸許。到杭以來已五次見雪，唯聞吾鄉今年迄未得雪何也？

昨得公弢來函，將以參加南玉段通車典禮之便，過杭相訪，頗望其能來一談，今大雪恐不及來矣。閱天行草堂遺稿，杭縣章厥生（嶔）先生著，厥生以史學教授舊京。在杭時亦曾掌教高等學校，雖未受業，頗欽其學；然著作實無足觀，僅中華民族溯源論一篇，考訂精審，文集中應酬之作居多，詩亦平凡，唯留京時有廠人詩數十首，足備詩史之選耳。此公負時名，而嗜學不倦，唯中年後，務廣而荒，故述作無稱焉。夜寒甚，十一時寢。

1月14日　星期二　雪

九時起，接徐道鄰、郭明章各一函，明章外峯先生子也。

　　浙贛路南玉段將以明日通車典禮，東南日報為發行
特刊以張之；南玉段者，自玉山至南昌，中經上饒、橫
峯、弋陽、貴谿、東鄉、進賢諸縣，全線長二百九十二公
里，建築費國幣一千八百萬元。由鐵道部及財政部各發行
公債一千二百萬元（鐵部發行者，為第一期鐵路建設公
債，以國有各路餘利為擔保，財部發行者，原為贛府發行
以江西鹽附捐，年一百九十三萬為擔保）。向銀團與德商
華脫爾夫公司，抵借現金並材料借款，是路自二十二年冬
間開始籌備，二十三年六月測量完竣，二十四年七月起全
線開始鋪軌，至十二月間竣事，蓋十八閱月而告竣云。當
籌議之始，余尚在浙省府，魯公（詠安）為主席，魯性極
謹訥，對此事獨力贊其成，惜今已不及見矣！

　　午後四時，毛生無止來訪，談別後一年來之情形，
頗多身世之感；四弟挈思佛來，晚飯後坐談約二小時，自
政治、教育、學術及家人近況及彼個人出處，無所不談；
十時別去，思佛留宿焉，十時二十分寢。

1 月 15 日　星期三　午前晴霽、午後陰

　　九時起。

　　圈讀陸宣公集，今日完畢。此集余去年在漢口待飛
機時讀畢一過，並圈點其一部分，此次歸杭，再讀一過，
其文字之茂美明暢，實無倫比；制誥冊文，均謹嚴有法
度，悔過罪己之詔敕，論戒結好之書，間或情辭切摯，
或亢卑得體，往往極難達恉之文詞，而運筆揮灑，若不

甚經意；及百世後讀之，猶如親接話言，世徒知宣公奏疏之美，余以為未盡之也。奏議中以論制用、理財、足食、籌邊諸文，最為言之有物，大抵論事之作，多精警說理之文，則務求繁富而不覺冗複矣。就其全體論之，所謂文從字順，洵無愧焉，如此文字，宜其可傳，雖數數讀之不倦也。

老友陳慶標兄自慈谿過滬來訪，不見十六年矣，徐道鄰君自京來訪，談一小時去。

夜接學素來電，中政會本日通過以朱家驊代理秘書長，顧孟餘給病假，十一時三十分寢。

1月16日　星期四　陰

九時起。

積雪未融，天容陰黯，殊無晴易，閉戶不可出，悶損之至。

讀金華叢書呂東萊集，集中墓誌甚多，佔二卷多，為浙東人撰者，其書札亦多可誦者，凡佔三卷，有家傳一篇，紀其曾祖好問事跡，都六千餘言，辯誣述德，孝子之用心也。

細兒、憐兒均已考畢給假回家，細兒以畢業期近，明日仍須上課，近時學校課程，實病太繁重，小學課程標準與中學不相銜接，基礎薄弱，到高中時代，即須兼程修習，學生之健康智力，往往受其影響。午後二時三十分，偕允默挈細、憐兩兒出遊，湖濱眺望雪景，登孤山循西冷

橋回。在西冷橋側，遠眺南山殘雪，其景狀最優美，惜孤山梅花尚未放也。五時起赴市理髮，旋應祖望諸君約，晚飯于三義樓，左湖先生來會飲，九時歸，十一時三十分寢。

1 月 17 日　星期五　晴、氣候驟寒

九時起。

今日氣候轉寒，溫度降至二十八度，但天氣暢晴，精神為之一振；余自十一日至今，安心攝養，不作閒雜思慮，似覺所患漸減，唯頭暈及骨痛未癒耳。

馬生積祚自滬來訪，攜慈谿寄來食物多種，略談而去。

午後擬出外游散，以待西湖醫院周醫生注射藥針，後時始至，遂不果。

胡健中兄來訪，談學生運動之趨勢及浙大學潮前後種種，多杞憂之言，伯允兄亦適同時來訪，允默代余接見之，以煙酒局長將易人，託為設法維持現職。

四弟約晚餐，偕允默攜皋、憐、鎧三兒同往，席中皆熟人，左湖先生、貞柯、志成及祖望，余飲酒三小杯，醉飽而歸；今日為廢曆祀灶節，四弟意請家人吃湯糰也，十一時卅分寢。

1 月 18 日　星期六　晴

九時起。

偕允默攜憐兒、積鎧出外散步，到蘇堤眺望金沙港殘雪披之，景極幽美，花港觀魚處，有電影演員一隊，拍

攝外景，雇一船作敲冰之戲，間有一、二人攜碎冰向擬冰
之湖面拋擲之，冰隨碎隨溜，有能溜至五、六丈以外者；
戛然有金聲，極可聽。至淨慈寺附近，覺腿倦，即雇車歸
寓，已十二時卅分矣。

　　午後蔣先生自南京來參加航校檢閱，四時往澄廬行
轅謁見，承慰問周至，囑再休養若干日，必俟病癒回京。
蔣夫人贈余藥一盒，旋即辭出，晤慕尹主任及諸同事，六
時貢華、慶譽、慶祥諸君到寓，談一小時去。

　　夜亦僑來談，言京寓遷移事已看定永慶里房屋，十一
時寢。

1月19日　星期日　晴

　　八時卅分起。

　　今日航空學校，舉行檢閱，余以病假中，不願周旋，
遂未往。

　　九時亦僑來談，旋曉滄來訪，談赴京情形及浙大近
狀，言學生方面，一切已恢復原狀矣。十時泉兒來寓，報
告赴京參加會談經過，謂各地學生，除北平及廣東未參加
外，對於蔣院長之演詞，均認為誠懇周詳；對政府之決
心，加一番認識，結果甚佳云。泉兒向來謹訥，近時漸開
展，說話亦有條理，殊慰！

　　志成夫婦來寓，午餐後與允默相偕出外，本擬往黃
龍洞游覽，中途改道至古蕩，循松木場經武林門，雇車而
回，約步行至六、七里云。回寓後四弟來談，細兒與同學

游靈峯亦便道歸省，晚飯後與四弟談教育甚久，覺疲甚，九時五十分寢。

1 月 20 日　星期一　晴

八時起。

八時卅分到澄廬，見蔣先生與黃季寬主席，同時進見略談，即與蔣先生、黃主席同往筧橋，參加航空學校五期畢業式，車中談浙大事及浙財政整理辦法，九時到航校，參加畢業式，來賓到者與有張伯苓先生等。十一時禮畢，與紹棣兄同至黃主席寓所，商浙大善後，談十五分鐘辭去，至紹棣家略談即歸寓。午後二時到澄廬，再見蔣先生，承命發致教育部兩電，即到教廳一轉，留涵致紹棣兄。並電告浙大校務會議，以蔣先生定明日到校視察也。三時士遠師來訪，四時郭校長（任遠）來談浙大事，接紹棣電話，即約其來寓共談，任遠先生去，紹棣續談十分鐘亦去。六時宣鐵吾處長及錢慕尹主任來訪，夜八時羅貢華兄來訪，長談一小時餘，十時始去，疲甚，十時四十分就寢。

1 月 21 日　星期二　晴

八時起。

八時卅分赴澄廬，與錢慕尹主任略談，即登樓謁蔣先生，未幾紹棣兄來，遂與蔣先生同車往浙江大學視察，至門首見學生有服軍訓制服者，有服學生裝者，三三五五

候於門首，下車入大門，則另有一隊肅立行禮。先至校長
公舍，與教職員見面，蔣先生訓話約卅分鐘；旋學生代表
施爾宜、楊國華、江希明三君來見，施發言聲明三事：一、
郭校長自請解職，學生未有驅校長行動；二、校務會議係
部令教職員組織，非學生所組織；三、始終未停課。最後
請蔣院長到禮堂訓話，學生到者約三百人，十一時二十分
畢。蔣先生對施、楊二生，擬許其悔過自新，言畢先行；
余及紹棣暫留與校務會議諸君商談善後，十二時卅分赴澄
廬，又在大華飯店小憩，一時謁蔣先生報告，即發一電致
教部，一時卅分隨蔣先生到樓外樓午餐，允默亦來會餐，
三時歸寓小睡，四弟來未晤，夜應省黨部宴於西冷飯店，
九時歸，十一時寢。

1月22日　星期三　陰

七時五十分起。

蔣先生午後二時離杭回京，余以病未痊癒，未同行。

八時卅分去澄廬，謁蔣先生報告浙大情形及遠帆兄
託轉達各事，回寓早餐後，十時赴省政府大禮堂，聽蔣先
生演講，省府各廳職員、省黨部委員參加者約四百人，十
時四十分完畢，大意以國事危殆已極，負有公務責任者，
應速警覺，預作非常時之準備，勿在醉夢因循中過生活，
須重視責任，勿以私害公，十一時回寓，偕允默同往澄
廬，余侍蔣先生接見浙大學生代表施、楊、江、陳（即遲
兒）四人，允默訪蔣夫人詳談，十一時五十分，偕曉滄兄

歸寓，談至十二時卅分，曉滄去。

　　午餐甫畢，李煥之來訪，懇託代謀工作。李去後，柏青來談，歐游考察所得，示余圖片多件，皆自意、德、法、俄、奧、匈、日諸國所搜集者，訓練青年不遺餘力，真是驚心動魄。四時客去，偕允默及九妹攜憐兒、積鎧等，往游九溪十八澗，購茶葉數斤歸，即至三元里志成家晚餐，九時卅分歸寓，十二時寢。

1 月 23 日　　星期四　　雨雪

　　八時十分起。

　　今日為舊曆歲除，細兒等均回家，九妹亦遷來余寓居住，小蓮莊頓形熱鬧。

　　接學素昨日發函，附龍志舟致余一電，對黔、桂合為一綏靖區事，頗露不安之意，此事在中樞實為促成統一，不得不然；然滇省對桂系勢力北漸，常用惴惴，誠無兩全之解決策也。

　　讀黃公度人境廬詩草，卅年前所詡為詩界革命怪傑者，至今視之，亦覺尋常矣。公度又嘗譜歌詞，為學校青年歌詠之用，悲涼慷慨，頗足發皇志氣，惜今日已無刊本也！

　　整理書篋，出清容外集讀之，外集者鉛山蔣心餘（士銓）所為傳奇之別集也。

　　以頭暈時發，且腦頂時作刺痛，延嵇季菊君診治處方，季菊為擬潛肝陽清內風之方藥十劑。

毛生無止，攜其法婦來訪，談一小時去，夜與家人敘談，守歲至十二時卅分寢。

1月24日　星期五　雪、寒甚

八時起。

今日為廢曆元旦，憶去年此日，正在南昌公園左側之一小樓內，讀寧都三魏集，午後乘南潯車至九江登牯嶺，氣候不若今年之酷寒也。舊曆雖除，而吾輩腦筋中，對於歲時節日，仍有特殊之好感，故余家祭祀先人，雖已改用陽曆，但於舊曆年夜及歲首之舊俗，仍樂於行之，惜雨雪載道，又以服藥，不能回故里，遙想家中大哥四弟等，相聚談笑，融融一室，不禁神往矣。

讀蔣心餘冬青樹傳奇，反覆二回，感慨殊深。劇中寫陳宜中逃亡有「我老陳在開慶年間，也獲太學，六君子中錚錚有名之士，不幸命中該做宰相，晚節貽羞」云，刻畫盡致。

午後泉兒攜兩妹一弟往觀電影「天倫」，寓中岑寂，更覺寒不可支，三姪夫婦挈女來賀歲。

夜讀毛生止無近著「諸子論」，有創見，亦有武斷曲解處，著作之事，談何容易，十時卅分寢。

1月25日　星期六　陰、寒甚

八時卅分起，腹疾泄瀉，甚覺疲倦。

接公展兄來電，謂新民公司明日開董事會，邀余去

滬參加，旋又得其快函，知晨報因言論不慎，當局令其自
動停辦，將小晨報、新夜報一併停刊；故邀集晨報及新民
兩方面之董事會商結束辦法，並附晨報評論十餘篇相示，
余細讀諸文，雖措詞不無過當之處，而停刊之處分，亦不
無太過；公展忠忱耿耿，惜事務太多，精神不能貫注於所
經營之事業，兼以用人不能盡當，遂致有此疏失，為之慨
惋不置。曉滄來訪，言任遠月初回校視事。

　　天氣陰寒，頗覺蟄悶不舒，午後稍霽朗，旋又陰雲
密合，出門畏風，在家閒坐而已。

　　傍晚貞柯來，勸余不可冒病赴滬，且晨報事已無挽
回望，不如於回京時過滬，訪公展慰問之，允默亦厄余
行，遂以長途電話告公展，晚飯後酉生來談，十時後去，
十二時寢。

1 月 26 日　星期日　晴

　　八時十五分起。

　　致公展一函，告不能赴滬之故，且極易慰勸之，公展
對於晨報，數年來心力交瘁，遭此打擊，知必憂灼異常，
回憶二十一年三、四月間，籌議創辦時，余等對此報實期
望其異軍突起，為海上新聞界樹一新幟，卒以公展身任市
黨部及教育局職務，遂不能一意經營，而外間不滿之聲，
且時有所聞，向使公展專一其心志於此，其成就必有可
觀；以此知身兼數職，終必致一事無成，自國民政府成立
以來，此例甚多，不堪枚舉，其為戕賊人才，滋可痛也。

　　黎叔、貞柯來，同出散步至孤山，繞白堤一週，午飯後雇車往游理安寺，復步行二里而至楊梅嶺，仍循舊道至九溪小坐啜茗，五時乘車歸，順道至杭州師範學校，參觀新建築，七時至三義樓晚餐，九時歸。

　　接皋兒廿二日自官橋發一函，夜十時就寢。

1 月 27 日　星期一　晴

　　八時十分起。

　　今日天氣轉暖，較昨日約高五度，余之身體精神頓覺舒爽，醫生謂身體狀況，視氣候為轉移者，此身體衰弱之特徵也。

　　午前無事，追記自出生以來編年大事紀，備異日兒輩觀覽，然多迷茫不可省憶，自九時至十一時，約略就所能憶者，記為初稿，仍未完備也。

　　午後擬出游，忽覺疲倦，小睡一小時，三時岑西兄偕陳君方之自滬來訪，略談即去。

　　五時偕允默攜鎧兒出外散步約九十分鐘，由肺病療養院前之小徑，往尋葛嶺山腳之養生廬等處，至西冷橋畔折至木橋東行回寓，途中遇黃二明伉儷於曼殊墓前，夜讀沃丘仲子所著近代名人小傳，十時卅分寢。

1 月 28 日　星期二　陰

　　七時五十分起。

　　檢舊篋出黃山谷集讀之，此書余二十三年春，遊贛

時得之於南昌，掃葉山房，為同治八年雙井黃氏，據乾隆間緝香堂本而刊者，字大極便觀覽，在牯嶺時，曾讀其文集，匆匆下山未及終也。幽居稍暇，乃取其詩詞盡讀之，以為山谷之詩，勝於其文，而詞尤勝於其詩矣。瀛奎律髓評山谷詩，言其一生流離跋涉，未嘗有一詩及於遷謫，是真能齊得喪了死生者，此語固不誣，然山谷集中亦未嘗無萬里投荒之感，特措語沉著深蘊，不似他人之淺露耳。陳無已所謂吾此一瓣香，須為山谷老人燒也。無已之詩佳處，亦在沉著，二賢相契，自在性情之間矣。

接學素昨日發函，報告京中近況，閱之使人心頭作惡。遂出外散步，以舒抑鬱，登寶石山眺落日，東行過白堤，徘徊久之歸，已高樓欲瞑時矣，夜讀書至十時就寢。

1 月 29 日　星期三　晴

七時卅分起。

盥洗畢出外散步，至金帶橋上，閒眺久之，麗日凌空，湖風和暖，漸有春天景象。

允默提議作玉皇山之遊，久之未果，今將離杭，遂相偕往遊，十時出門至聖塘路雇車直駛玉皇山腳，捨車而步至嶺半，復賃輿而上，約一小時許底紫來洞，觀七星缸，云是鎮壓杭城之災劫者。同治九年楊昌濬等所鑄，缸為鐵製，水終年不涸，土人云：缸內水乾，則杭州全城遭火劫矣。紫來洞宏邃明敞，視石屋洞為勝，洞前廣場，可眺望錢江，所謂八卦田者，即在眼底，井然如畫圖。由洞

尋山徑上玉皇觀，民國十二年新修，殿宇不大，而旁有小園，花木絕勝，羽流居之，略一游覽，仍乘輿下山，至四眼井，經虎跑寺而抵江邊，在某飯館內午餐，味劣而價昂。飯後登六和塔，並至之江大學前，游眺久之，三時五十分雇車歸，憑吊八十八師烈士墓，回寓已五時矣，接學素廿八日函，十一時寢。

1 月 30 日　星期四　晴

八時五十分起。

發學素函，告近日身體未健適，月底不能到京，並函錢慕尹君，託轉陳於蔣先生，附學素函內寄去。又覆滄波、佛海各一函，黃萍孫君來談，商越風雜誌編輯事。

午接公展來函，言新民印刷公司，明日午刻開董事會，囑余去滬出席，擬明晨動身。閱黃山谷別集八卷，其書簡最可誦，摘記數語如下：「法不孤起，仗景方生，要須俟他日得一披拂，乃可下筆。」「克勤小物，以道為準，以待浮雲之去來」，「鼓鐘於宮，聲聞於外，夫忠、信、孝、友之實，孰能掩之？」「浮圖書云：無有一善從懶惰懈怠中得來，無有一法從驕慢自恣中得來！」「凡書字偏折即不成字，所謂失一點，如美人眇一目；失一戈，如壯士之斷臂！」「人之常病有十種：（一）喜論人之過；（二）不自訟其過；（三）嫉人賢己；（四）見賢不思齊；（五）有過不改而必文；（六）不稱事而增語；（七）與人計較曲直；（八）喜窺人之私；（九）樂與不肖者游；（十）

好友其所教」。夜黎叔來談，十時卅分寢。

1月31日　星期五　陰晴

七時卅分起。

八時卅分到城站乘第二次車赴滬（八時五十五分開），臨行時天色陰沉有雨意，過嘉興後晴霽，車中讀人境廬詩鈔，十二時四十五分抵滬北站，即雇車至三馬路綢業銀行樓上上海聯歡社，則新民公司之董事會已散會，諸君均已他往，即託聯歡社職員以電話探詢公展在何處。久之不得其蹤跡，乃往訪王延松君，始知聞亦有君闢室於新亞，公展亦在彼，稍待公展以車來迎，余攜有行篋先至福康里一轉，晤吟兄、七弟，三時至新亞與諸君晤談，知晨報決計結束，印機出售抵償債務，並由新民墊二萬元作結束費，此後擬另組新報社發行晨刊、夕刊兩種，擬定名為星報云。五時回福康里寓所，七時復應公展之約赴新亞晚餐，玉書亦在座，飯後與公展等商談結束舊局，籌備新局各事，夜深不便回寓，遂留宿旅館，一時寢。

2月1日　星期六　晴

九時卅分起。

結束旅館賬目，略進小食，雇車回福康里寓所，已將十一時矣。明、樂兩兒均有微熱，但並不思歸，旋次行來談滬上各事及彼自身行止，十二時別去。午餐後到壯民醫院，請診頭暈指僵之疾，壯民謂予健康狀態已有進步，療養得宜，必可輕減，囑服魚肝油精及普樂門道，並注射賜保命針，即回寓。福芝為我配藥，五時到北站，乘特快車回杭，七時到站，訓清來接，遂雇車歸寓，十一時寢。

2月2日　星期日　晴

九時許起，接學素來函，告京中近事。發公展一函，告抵杭並託秋陽事。

竟日未外出，讀黃山谷詩。午刻設祭，祀嗣姚應孺人，兒女咸在，僅皓在京未歸，明、樂在滬，午後諸兒女及九妹均赴校，寒假明日滿即上課也。午後黎叔、貞柯來談，貞柯晚飯後九時始去，檢閱舊札，十一時卅分寢。

2月3日　星期一　晴

九時十五分起。

昨今兩日氣候和煦，空氣亦澄潔，完全春日景象，覺精神稍爽。

接佛海來函，促余早日返京，謂如遲遲其行，將又引起俗人之揣測；又力勸余勉學遲鈍，與世周旋；勿再神

經敏銳，多憂善感，無補于事，徒傷身體；蓋神經病既非致命之病，若日累日深，陷於不生不死，若生若死之狀態，下半生之痛苦，為何如乎？

報載全國紙幣發行額統計（一月廿五日止）如下：

（一）中央，二萬二千六十萬；

（二）中國，二萬八千六百二十萬；

（三）交通，一萬八千一百六十萬；

（四）中國實業，二千九百五十萬；

（五）中國通商，二千五百四十萬；

（六）四行，二千九百八十萬；

（七）四明銀行，一千三百四十萬；

（八）浙江興業，八百萬；

（九）墾業，六百廿萬；

（十）中國農工，六百卅萬；

合計八萬一千二百四十萬元。

董廉三兄自上海來，黎叔約晚餐于三義樓，談至十時始歸，十二時寢。

2 月 4 日　星期二　陰

八時起。

自昨日起，每日服魚肝油精 Adexolin 三十滴，此為維他命 A 及維他命 D 溶解于橄欖油內之一種液體，為療治衰弱及增進傳染病抵抗力之一般補劑云。

整理書件衣物，並作友人覆函數緘，發學素函，告

日內赴京。

讀蔣心餘評註四六法海，此亦二十三年在南昌所購，與清容外集、忠雅堂集為合冊者。

午後五妹挈諸甥女自慈谿來，以車在蕭山途中略停，故到杭時已四時餘矣。四弟亦挈眷同歸杭，於七時過寓談家中諸人均安好，大姊漸衰老，此次聞余不歸鄉，極失望云。夜與五妹談家事，擬將小蓮莊寓所保存，以一部分租於彼家，免另覓屋之煩，十一時就寢。

2月5日　星期三　陰雨

八時五十分起。

四弟攜來恆豐號去年底賬，略複閱一過，覺營業情形，有大可憂慮者；存款數額達二萬三千二百餘元，貸放另戶近二萬元，其中約三分之一以上，非貸與農戶者，甚少收回之望，而受抵之不動產田地等值七千以上，因農村衰落，價值抵減，如欲脫售，將不到原額半數，設一旦金融界受時局搖動，對存款不能不理，而貸款無法收回，殊難料理。因即作一函致經理伍君，囑於本年內再收起放款五千，並脫售田地攤還存戶，蓋就現狀言，只有逐漸收縮之一法耳。

午子翰兄來談，子翰去後，程遠帆兄來談，三時招仲回姪來寓，為備函介紹往見遠帆，以遠帆擬整頓稅務，將從營業稅入手，仲回頗有意擔任財政職務，故令往見之。

夜黎叔、貞柯來話別，旋酉生亦來談，至十時卅分

始去，十一時卅分寢。

2月6日　星期四　晴、午後陰

八時卅分起。

於兒輩書案中，得亡友陶緝民君（熙孫）遺稿一冊，曰望虹樓遺著，內載詩詞近百首，雖嫌單薄，然亦多抒寫性靈語，緝民為陶心雲之嗣孫，同學高校時，喜與沈伯嚴（家璠）過從，意態蕭然澹遠，若無適而不自得者；弱冠後體氣轉衰弱，故家凋落，旅食四方，遂以奔走促其生，亦可憫歎。此一冊遺稿，蓋其戚孫君，移其身後遺薪以刊之，而分贈于友人者，予未之前知也。聞酉生言，陶氏式微已甚，東湖舊業，今以萬五千金歸嵊縣王孝賚君矣。

午後四弟來寓，與五妹集余室談家常，一時吉岡姪來，旋即去。四弟與予長談至三時始去。

今日天氣突轉陰寒，膚粟體僵，甚覺不舒，登榻假寐，似有寒熱，原定明日動身，因復展遲二日，擬俟稍晴暖時再行。夜讀騈文，十一時寢。

2月7日　星期五　陰寒、午後下雪

九時起。

電學素告今日不見成行，擬稍遲一、二日入京銷假。審核講演記錄稿一篇。

致芩西兒函，託其留意為廉三謀事，致外舅函，告近狀及行期；又致大哥函，附去蔣伯誠君寄來其父任山之

事略，託大哥為作家傳，又致謙夫先生一函。

致陸東兄函，為族姪錦章補推事實缺，請轉言於太
蕤部長，於院文到時予以核准。

今日氣候愈寒，重衣不溫，向午下霹雹甚大，午後
北風愈緊，向晚大雪，未二小時四山皆白，庭中樹葉積雪
二寸餘，聞南京、徐州等處，前二日下雪，氣候亦寒甚。

積求姪于午後一時來寓，探望五妹。皋兒及細、憐
兩兒，傍晚均來送別，晚餐後猶依依不欲行，九時始去，
蓋予及允妹均將離杭也，十一時寢。

2月8日　星期六　晴、午後陰

晨七時醒，寒甚，睡至九時後始起。

昨晚天氣惡劣，以為今日必雨雪，不意八時後晴曦
照耀，起視積雪已溶盡矣。

讀大哥詩文集，於其悼逝懷舊諸作，彌覺低徊百轉，
世徒以恢奇俶詭譽大哥，非深知之者也。

聞時局消息日惡，京中諸事，必極冗繁，曠職已
久，未可再稽，決定明日離杭赴京銷假，此次請假養病，
已逾五旬，初離京時，不自意淹纏至此，今將假滿而頭暈
未瘥，且心思散亂無殊於昔，至筋骨酸楚，殊有甚焉。撫
此孱軀，真覺進退無措爾。

公展兄自江灣以長途電話與予商誠報出版事，並謂
新夜報已復刊，改名星夜報。

黃岩王希隱君來訪，云奉委座命來見，予適以疲甚

休息未暗也。泉兒來寓，午後去。

傍晚出外散步，沿白堤歸。夜四弟夫婦來寓，黎叔亦來談，十時卅分寢。

2 月 9 日　星期日　晴

晨七時四十分起。

晨八時十五分離寓，動身赴京，允默以在滬，尚有事，擬午後車去滬，未同行。望兄送至車站，華生亦來送行，自十二月二十二日到杭休息，先後四十九天，今當離別，不禁悵然。八時五十五分車開，一時抵北站停十五分鐘，即續開赴南京，車中晤田崑山君，本屆當選之中央委員也。盛稱杭州幽靜，宜於攝養，且有登臨之樂，擬作短期之卜居云。過蘇州後，乘客極擁擠，頭等車中幾無隙地，長途無聊，閱國聞週報第五期，自首至尾一字不漏，過鎮江後，則無可消遣矣。六時五十分抵下關，學素、亦僑、省吾等來迎，偕學素先乘車歸，七時卅分晚餐，餐畢批閱公私函牘，八時卅分公弢來談，攜來公展七日來電，為誠報事。

九時實之表弟來談京中近事，十時去。十一時寢。

2 月 10 日　星期一　晴

昨夜因熱水管太熱，未熟睡，九時許始起床。

中央黨部侍從室兩處紀念週均未參與。

整理書物，清理積壓函件及交際事項，午亦僑來報

告組務及雜物。

　　午後作致四弟、曉滄、允默及皓兒各一函。三時覺稍倦，假寐四十分鐘。

　　審閱五次代表大會閉幕詞，即交蕭速記轉寄中央秘書處彙編。

　　四時起陵園謁見委員長，報告浙大近狀及晨報停刊後擬續辦誠報之經過，並請示應否赴中政會工作，奉諭不必每天去。處務由朱代秘書長多負責任可也。五時五十分出，至侍從室訪慕尹主任未晤，在第五組略坐，審閱追悼尼瑪鄂特爾講演稿一篇，即至勵志社晚餐，宴羅鈞任及各庚款機關代表也。九時卅分歸，貢華來談，十一時卅分寢。

2月11日　星期二　晴

　　八時五十分起，昨晚仍未成眠，僅睡五小時，仍多夢。

　　十時起軍校參加侍從室會報，決定讀書借書辦法及運動與早操等事，十一時二十分完畢，又決定本室考績表至星期四日，彙送主任覆核，定星期五日發出，即至錢主任室稍坐，談本室各事，又至第五組巡視，與李、高、何、傅各秘書略談組務，並指示各職員工作，十二時卅分歸寓，滄波過訪，談京中近事及晨報停刊後之善後等事。

　　午餐後滄波去，請楊醫官來注射藥針（福爾賜保命），以後擬每日為之。

　　四時去陵園知本日行政院各部長會談不舉行，即見委座，報告雲南龍主席來電等件，適平市社會局長雷季尚

君來見，陪同進見，談華北情形至為詳盡，五時卅分歸寓，夜參考陸軍人事法規多種，預備辦理考績之用，十時就寢，頭痛未熟睡。

2月12日　星期三　晴

八時起。

發雲南龍主席一電，覆一月皓日、敬日致余之兩電，告委座信任甚篤，請勿過慮。

八時卅分，赴中央黨部訪葉秘書長，九時中政會第八次會議，通過追認案及特任案多起，以朱慶瀾任賑務委員會委員長，並決議復興公債及鐵道建設公債利息，一律改為六厘。又加派財政、內政專門委員各一人，十一時二十分散會。即與朱代秘書長驪先至秘書處談處務，直至十二時卅分始歸寓。

午後公弢來談，未及午睡。三時赴中央黨部開憲法審議會，到委員及專家共十四人。

楚傖先生主席，決定國民大會選舉法原則，並約定星期五日先開小組會，草定國民大會組織法原則，五時散會。至佛海家吃麵，滄波、孟武、思平同往。六時卅分歸寓，高宗武君來訪，談最近外交情形，七時起辦理侍從室五組人員考績，直至十二時卅分就寢。

2月13日　星期四　晴

昨晚睡眠最不佳，侵晨頭痛且倦極，直至九時始起。

複閱侍從室第四組人員考績表。

本日十時為各軍事機關會報之期，予以病請假未往。

昨日接浙大郭校長來電，報告該校學生十一日晚，又開大會以援助上海被難工人為名，議決停課，出發京滬宣傳云云。令晨詢教部王部長，知部中已有嚴厲電令，且聞今日已上課，遂不另擬辦。

接公展兄來電，而傳聞政院有令滬市府，禁誡報出版，以電話詢翁秘書長，稱無此事，即電覆。

午後小睡一小時，仍未入睡。四時去陵園向委員長報告：（一）浙大近事，（二）新生活運動二週年紀念文，（三）朱秘書長請假三天，（四）廖速記辭職事。適杜月笙、陳辭修先後往謁，陪同談話，六時歸。順道訪騮先未值，即回寓。夜頭痛甚未作事，十時洗澡服安眠藥一片半即就寢，十一時入睡。

2月14日　星期五　晴

晨七時醒，八時起。昨晚睡足七小時，今日精神稍好。

十時去軍委會侍從室辦公，徐秘書道鄰來談，將考績表再覆核一次，送第一處錢主任會核，並與錢主任略談侍從室編制情形，十二時卅分歸寓。

接細兒來書，對會考極憂慮，即覆一函安慰之。又接佩箴書，為農貸所事，即覆。

午後三時，到中央黨部參加憲草審議會之小組會，草定國民大會組織法之原則八款，重要者：（一）職權為通過憲治及依憲法規定，選舉第一任中央政府公務員；（二）會期十天至廿天；（三）由中執委交國府召集，地點在國府所在地；（四）通過憲算須由三分二出席，四分三同意等，五時卅分散會。歸寓小憩，即至滄波家，適景薇在彼，遂相偕出外散步，約卅分鐘而回，滄波留談至晚飯後去，廖國庥君來談，將辭侍從室職務，夜十時洗澡，十一時寢，未即入睡。

2 月 15 日　星期六　晴

八時起。昨晚睡眠，亦尚良好。

述庭兄來訪，談雷川先生在平近況及彼自身工作問題，兼及教育專門委員會之進行情形。十時去侍從室核講稿一篇，摘呈函電二則，十一時卅分歸寓。張彝鼎君報告組務，及各同人參加中政會專委會工作情形，並及內政部計劃辦理中之縣長訓練情況，蔣和暢君亦來報告工作。

午後一時，蕭乃華君來訪，攜來委員長與磯谷談話紀錄，複閱後即呈核，張子羽偕郭仲和君來訪，談甚久。

四時去陵園官邸小坐，委員長以五時外出散步，予亦遂返侍從室核講稿四篇，連上午所核閱者共六篇，均峨眉軍訓團所講，胡巽三君來略談，六時歸寓。約學素外出散步卅分鐘而歸。七時十五分，允默挈明、樂兩兒由滬來京，夜蕭自誠君（新任侍從室速記）來談，九時程遠帆君

來訪，談約一小時去，十一時卅分就寢。

2月16日　星期日　陰、向午轉晴

晨八時卅分起。

今晨本擬偕慕尹主任往飛機場送何芸樵動身，以起床太晚未去。

十時稚鶴來訪，十一時孟海偕洪荊山君來訪，均未晤。摘呈函電三件。

二月十九日為新生活運動二週紀念，新運總會請委員長以會長名義發表文字，奉命交余撰擬，此題異常枯燥，無可發揮，以總會擬有草稿，遂就該稿增刪修改之，並加前文及結論兩段，自午前九時動筆，至午後二時始畢事，交學素謄正送去。

三時偕允默攜明、樂兩兒出城游覽，至陵谷寺陣亡將士墓憑弔良久，又參觀祭堂及紀念塔，並至誌公殿隨喜，據守衛隊長言，乃前年遷建者，殿內供誌公遺骸，有棺木數片，色澤甚古，真偽未可辨也。又至譚墓及紀念堂觀覽，五時卅分歸寓，夜實之弟來談，十時卅分寢，服安眠藥，十一時入睡。

2月17日　星期一　陰

六時醒，七時卅分起。

今日以事未赴紀念週，午後憲草會亦未出席。

接官邸電話，約予往談，八時十分自寓乘車往，適

養甫在客室候見，互道別後情況，養甫慰問備至。八時五十分，委員長出見，將昨擬之稿仍交予修改，重擬語體文，且應敘及新運工作進步之遲緩云云。又囑余收集關於人生哲學之材料，交下書籍數種，以作參考，予遂辭出歸寓一轉。約學素去軍委會，以該文限期甚促，擬即撰擬，乃訪者絡繹，方之、貢華等先後來談，又有四組請示諸件，心思為之擾亂，約二小時未成一字，遂歸寓午餐，以人生哲學摘要事委託學素為之，午餐後繼續起草，心思愈散亂，強自鎮抑，終不寧定，三時許始動手，至五時脫稿，既成，自視直不成文字，不及改作，交省吾清繕後送出（夜八時半始送去）。如此簡易之工作，尚且勉強至此，不禁自嘆。六時登床小睡半小時而起，晚飯後閒坐休息不作事，十時就寢。

2 月 18 日　星期二　雪

七時五十分起。

果夫約至秣陵路晚餐未往，接四弟函。

八時卅分到侍從室核辦文件，九時至中央飯店三三五號訪余家菊君，余君為湖北黃陂人，國家主義之健者，此次由鄂來京，係接蔣先生之電召而來（予向不識余君，觀其面貌，似二十餘歲之青年，實則已卅九歲矣）。略談卅分鐘，仍回侍從室，十時舉行本室第五八次會報，錢主任赴行政院，余代為主席，議決舉行學術講演，籌辦消防設備等六、七案。散會已十一時四十分，摘呈來電兩件，發

中央社稿一件，即至官邸請示中政會開會事，適騮先及魏伯聰亦在彼，一時許蔣先生自外歸，決定明日中政會停開，予與伯聰均留彼午飯，譯電訊一件二時卅分歸寓，小睡一小時半，起來頭痛異常，一小時後始癒，發暢卿、旬僑各一函。

夜王生調甫來訪，為作一介紹函，囑至滬訪景韓謀事，閱大眾生活雜誌。十時卅分寢。

2月19日　星期三　雨

八時三十分起。

九時赴勵志社參加新生活運動二週年年紀念會，到者首都各界代表約五、六百人，魏文官長、葉秘書長、翁秘書長、馬市長等擔任主席團，首由馬市長致開會詞，蔣會長有極長之演說，以博愛互助為實行新生活之必要條件，歷一小時始畢。林主席、葉秘書長及馮煥章相繼致詞，至十一時四十分始散會。到侍從室辦文電二件，歸寓已十二時三十分矣。午後小睡一小時，三時赴中央黨部出席文化事業計劃委員會，到會者雪艇、維君、秉常、易堂、保豐及傅侗（西園）與予七人，由果夫主席，議決組織法等六件，四時三十分散會，回寓一轉，即至陵園官邸一轉，與錢主任談組務，六時見蔣先生，知無交辦之件，遂歸晚餐，夜核講稿一篇，並複閱「人生哲學要旨」一篇，係學素初稿，余為足成之，十時三十分完畢，遠帆來談，十一時三十分寢。

2 月 20 日　星期四　微雪、下午晴

昨晚失眠，至一時後始入睡。今晨七時醒，疲甚，睡至九時始起。

十時赴軍委會侍從室辦公，核定圖書館開放時間，派金書記、任司書管理之，又核辦文電四件，接甸樵來電，即覆之。十二時委員長招待立法、監察、考試、司法四院同人於勵志社，余往任招待，即在彼午餐，與述庭、繩先二兄同席。委員長簡單致詞，望協力合作，充實政治效能，一時三十分散。即返侍從室，請楊醫官打針，核定人生哲學要旨之謄清稿，即送汪秘書轉呈，並轉呈徐慶譽之蘇俄第二五年計劃一件，四時去陵園官邸，適蔣百里先生在彼，未參加對話，午後有軍事會報，錢主任以為予不必參加，請於委員長，得許可，即出陵園回車入城，順道至中央飯店，訪遠帆未晤，又訪余家菊君，談三十分鐘，六時歸寓晚餐。夜閱謝扶雅人格教育論，摘其要點，秋陽自滬來談，十一時三十分寢。

2 月 21 日　星期五　晴、下午雨

七時三十五分起，核辦文電二件。

繼續摘述人生哲學講演材料，至十時去陵園官邸，今日為普通會客之期，到者甚多，有邁孫、仲公、子寬、自明諸君，遠帆及竺藕君亦往見，予與藕舫，同時進見，蔣先生以浙大校長事徵藕舫同意，藕舫謙辭，結果允考慮後答覆，十二時二十分歸寓午餐。

　　午後謄清上午所擬之講演材料，三時五十分完畢。即去陵園參加行政院各部長會談，到內、外、交、教、實、鐵各部長及翁秘書長、蔣政務處長，張外長報告日本態度及日俄糾紛與華北問題甚詳。五時三十分，許大使來見，予以楚傖之約先退，即至中央黨部參加憲法案談話會，由楚傖備餐，到者秉常、佛性、德生、益生、孟武、思平、元沖、陸一、景薇、景濤、鑄秋諸君，唯寒操未到，餐畢商談修正手續，結果決定以一星期之時間，再詳細研究，十時散，即歸寓，十一時三十分寢。

2月22日　星期六　下雪、午後雨

　　八時三十分起。

　　盥洗畢，即去陵園見蔣先生，報告誠報及譚常愷請撤銷懲戒處分事，蔣先生以近日事繁，對午後首都講演會之講演，未及預備，擬請教部王部長作第一回講演，而彼改在第二回講演。十時由陵園出，即至教部與王部長接洽，順便談浙大近況，十一時辭出歸寓午餐。秋陽來談，擬設福潤呢號于上海，予力贊其成。午後致公展一電，告誠報事已報告蔣先生，准許三月一日出版。又擬覆陳公俠一電，以昨睡不佳，午後殊疲倦，小睡一小時，遂未參加首都講演會，傍晚核辦文電二件，閱行政院文件五件，六時去中央飯店訪魏伯楨先生，七時至廣東酒家晚餐，由方之作東，到者味辛、霽邨、枕琴、丕華諸君，九時餐畢回寓，十一時寢。

2月23日　星期日　陰雨

　　九時四十分起，昨晚睡眠不暢，今日覺頭痛異常。十時三十分攜樂兒往佛海家，凌百、公弢均來談，十一時三十分接陵園電話，即往見委員長，坐待一小時四十分鐘，始出見。為誠報事囑即函公展，停止進行，對公展頗多責備語，當有先入之言。三時回寓，適壯弟來訪，談許久去，五時小睡一小時，晚飯後為公展事，往與佛海談商，擬約道藩談商，適不在家，作致公展函，託秋陽攜滬，又致果夫一函，十時服藥就寢，十一時二十分入睡。

2月24日　星期一　晴朗

　　七時十五分起，八時參加侍從室紀念週，由張秘書作學術講演，上午在侍從室核辦文電五、六件，葛武棨、邱開基、傅尢退來談，十一時四十分回寓午餐。午後二時道藩來談，告以公展受責事，備致慨嘆。道藩並為余述赴滬各校講演情形甚詳，對誠報事，決俟公展到京後再商善後，四時去陵園官邸，與李仙根（幡）談粵事，陪楚傖往見委座，談黨務，又報告滬事，六時歸寓，夜許君武來談，為作一函致蔣部長，又致曉滄一函，十一時寢。

2月25日　星期二　大雪

　　八時許起，昨晚未熟睡，今日又感疲倦。

　　氣候突變嚴寒，天陰而下大雪，竟日飄霏，道上積雪，幾不可行。

　　八時十五分，去軍委會召集第五組各秘書開談話
會，商五組工作事項，余歷述第五組之主要目的，在搜集
材料，備委員長索閱或呈送參考，我等決不可自視為有若
干經綸；要知秘書屬于輔佐地位，故工作不在上條陳貢意
見，而在留心搜集一切問題之材料，選擇歸納，附具結
論，以貢獻於委員長，請大家本此意，自述願任何項工
作，討論良久無結果，定星期五再談，十時開侍從室會
議，決議體育會等案六件，會畢五組各秘書來，對待遇有
所請求，卻之。指定葛秘書擔任編選委座言論之工作。核
辦文電三件，十二時三十分往見委員長，二時回寓午餐，
午後小睡一小時三十分，夜劉獻捷兄來談，亦願入五組。
獻捷，劉主席（鎮華）之公子也，以五組不需人，婉卻
之。服藥，十時就寢。

2月26日　星期三　晴

　　七時五十分起。

　　八時三十分，赴中央黨部出席中政會，與雨岩、達
詮兩部長談，季陶先生亦到會，兩月不見，勞問甚殷摯。
本日到會者甚多，許汝為亦出席，九時開會，通過關於鐵
道要案一件，關於國民儲蓄案一件，餘例案十餘件，會散
後，蔣先生約汝為及李君佩作一小時許之談話，余與果夫
等談誠報事，與希孔談上海所謂文化界就國會等之辯正書
事，十二時三十分返寓午餐。

　　午後小睡一小時，三時往中央飯店訪魏伯楨、方青

儒，四時去陵園，適李子寬、徐恩曾及健羣、道藩在彼候
見，均與略談，由錢主任處得消息，知日本今晨五時許，
發生政變，第一師團分佔各大臣之官舍及內閣等處，首相
岡田、內大臣齋藤、教育總監渡邊均被殺，藏相高橋受
傷。五時見委員長略談退。六時應蕭君青萍約赴浣花晚
餐，靄士、枕琴、養甫、青儒、蟠雲、溯中及浙專員數人
同席，九時許歸寓，作函二緘，十時就寢。

2 月 27 日　星期四　陰

晨甚倦，八時三十分始起。

核辦文件四件，代擬稿一件。

擬憲兵學校訓詞一件，憲兵學校原為憲兵講習所，
最近改組為學校，定三月一日開學，由委員長兼任校長，
校中請擬訓詞，置於壁間，用作箴銘。錢慕尹主任，以
為宜作銘詞式，余不擅韻語，構思甚費力，勉強綴輯成
二十四語，自信於委員長訓練憲兵之意義，尚能大體切合
也。午後道藩來談約二小時，滄波來談憲法，均三時始
去。四時往陵園，無事即回。接大哥自杭發書，對余近體
極致思念，手足之情，溢於詞表，讀竟慨然久之，附來邑
誌例目及為蔣伯誠君之父所作傳，即函送伯誠，託滄波轉
去。孟瀟總監等約晚餐于交通官舍，以倦甚未赴。近來愈
以酬應耗時為苦，擬一概辭謝之，夜公弢來談，九時三十
分去，十一時寢。

2月28日　星期五　陰寒

七時四十五分起，午後覆公展電，告不能去滬，並作一函交聞君帶去，明日新民公司開會也。

八時去侍從室核辦文電三件，九時，約五組秘書八人，開第二次談話會，決定分配職務如下：

（一）搜集及研究者，貢華政治，道鄰法制，毓九對日問題，晶齋蘇俄問題，彝鼎英美，慶譽文化，方理經濟，旡退建設及工業；

（二）譯件，俄文晶齋，德文道鄰，法文方理，日文毓九，傅、羅協助之，英文彝鼎及慶譽。

又決定每週開組會一次，定星期四。

十時五十分會畢，核閱講稿一件，十一時三十分勉盧先生來訪，約方之同至中央飯店，並約伯楨同赴陵園午餐，同席者大城梁式堂（建章）、蒙古白巨川（雲梯）及彭、陶兩次長、谷、吳諸委員，二時餐畢。回侍從室核閱講稿兩篇，三時回寓。四時再往陵園，知今日各部會報停止舉行，陪同委員長接見來賓方定中、呂咸、孫維棟、魏道明、陳良等二十餘人，六時始畢。委員長交下整理件兩大輯，遂歸寓。晚飯後覺疲極且感傷風，八時五十分就寢。

2月29日　星期六　晴

晨七時起。

處理文電四件，覆大哥一函。接啟煦函、四弟函。

九時赴教育部，出席特種教育委員會，到會者果夫、耿光、佛海、厲生、許崇清、徐培根、賀君山、杜心如、金寶善及教部司科長多人，王部長主席，通過議案五件，初讀後保留至下屆再議者三件，十二時五十分散會，歸寓午餐已一時餘矣。審閱委員長昨日發下之件。

三時三十分，赴陵園一轉，奉諭往約戴先生出席金陵大學首都講演會，到會者首都各大學師生及中學教職員約一千一百人，蔣先生、戴先生均有講演，五時三十分散會，即回寓。齊鐵生君來訪，談四十分鐘而去。晚飯後挈明兒往中央飯店理髮，遣明兒先歸，予順便往訪銘三不遇，至伯楨處坐談四十分鐘而歸，十一時就寢。

3月1日　星期日　晴

昨晚患齒痛未熟睡，八時五十分起。

此為余四十以後日記之第六冊。自去年三月一日開始以來，每日未嘗間斷，雖所記皆每日起居末節，但於收斂放心亦不無小補也。

校閱委員長在將官班訓話稿一件，辦文電二件，齒痛未已，意興索然。接四弟長函。

十一時佛海來談憲草事，頗以為內外大勢演變至此，憲案不如再延。又談非常時期教育方案，教部所訂太覺空洞，如義教、職教皆教部本身經常應為之事也。……十二時卅分去。

午後皓兒來寓，余小睡片刻，齒痛稍癒，天氣晴美，乃偕默挈三兒出遊。以車夫不識路，至中央門外三茅宮牆等處馳走久久，又折回入城。再出玄武門到後湖遊覽，春寒風厲，不耐久坐。六時歸寓。晚餐後閱國聞週報，中央時事週報。覆大哥、四弟各一函，洗澡後十時卅分寢。

3月2日　星期一　陰寒

七時起，昨晚以洗澡且服阿特靈一片，睡眠殊酣。

八時到軍委會侍從室參加紀念週，錢主任主席，由徐慶譽秘書作時事講演，題為「日本二‧二六事變之分析及觀察」，約卅分鐘完畢。即回辦公室核辦文電三件，閱講稿七件，道鄰、耿民兩兄來談，十一時四十五分歸寓。

午後閱行政院文件，小睡一小時。二時卅分赴中政

會，與狄秘書長略談，即出至中央飯店訪蔣銘三主任，晤蔣素心君，又與如音談話，三時卅分赴陵園。四時二十分見委員長有所報告，決定本週中政會停開，交下審閱件四、五種，遂歸寓。蕭秘書長送電稿三件，即核定發出。委員長命摘錄王猛事略，交徐秘書搜集摘呈。夜偕學素至落珈路二十二號，訪竺藕舫，九時歸。發吟兄函，十一時寢。

3月3日　星期二　晴、寒甚

八時起。

盥洗畢，赴軍委會侍從室核辦文件四件。抄送朱主任意見書（唐子長所送）一件。十時舉行侍從室會議，錢主任主席，決議：（一）三月五日起全室人員均作日記，由組長抽閱；（二）指定書籍令各員閱讀；（三）按月考績，下月一日起呈送表式，推余擬訂，十一時散會。核講稿一件。

道鄰、武槃來接洽工作，十二時四十分始回寓午餐。午後小睡二十分鐘。為委員長擬致宋明軒、張自忠等函三件。二時卅分赴陵園，三時隨委員長至陸大將官訓練班旁聽，由委員長講述軍人應具備之哲學知識，引孫子及中庸講述甚詳，五時十五分始畢。到平倉巷看房子，再至陵園，承命接洽三事，與天翼同時辭出。仍回軍委會侍從室，辦發函件四種，電一件，歸寓晚餐已七時一刻矣。夜述庭來談，約一小時餘而去。閱中日之戰講稿，作私函二件。十一時寢。

3月4日　星期三

八時起。昨晚未服藥，睡又不酣，時寐時醒，晨起疲甚，且覺頭痛，終日不舒。

以精神散漫，不能集中思慮。閱講演稿十餘頁，即覺神疲，乃暫置之。整理私人積件，覆仲未、七弟各一函，又致西亞函，備致慰問，並作友人覆函五、六緘。

午後核閱講演稿一件，辦文電二件。楊濟民君來談，知突受離職之命，為之嘆唱。

三時卅分到陵園參加黨部人員會談，到楚傖、騮先、厲生、佛海、君武諸人，未幾果夫亦來，會談約一小時畢事。岳軍陪同畑信夫來見委員長，余等先辭出，至侍從室辦電稿一件，致吳市長，並複閱道鄰所集王猛傳略，即送汪秘書轉呈，遂歸寓。接大哥來函，言徵甥、永甥事，聞之甚不怡。六時奉電招，又去陵園見委員長，交辦函札四件，七時卅分回寓晚餐。夜擬往訪翁秘書長，以電話詢問四次，均未在寓。十一時寢。

3月5日　星期四　下午晴

晨七時醒，七時卅分起，昨晚雖服藥，因今晨有事接洽，五時後即未安睡。

八時赴外交部訪張部長，商量致西園寺、近衛、牧野等通候函稿之稱呼及格式，張部長並與前大使蔣君，在電話中商詢一切，約談卅分鐘辭出。順道訪高司長宗武，略談。九時赴行政院訪翁秘書長，候卅分鐘始來。稍談即

與黃秘書秋岳接洽函稿要旨，託其草擬，十時歸寓，十一
時往首都飯店訪王參事芃生，未遇。即至軍需署訪周署
長，囑送王參事川資，順訪作人略談，十二時歸寓午餐。
覺頭痛發冷，如冷水澆背，至不舒適。

二時黃秘書送函稿來，為改易四、五語，遣學素送
去。滄波來談，勸其改進報務。三時卅分滄波去。接貞
柯、思佛各一函，辦函電二件，四時王芃生來談。擬小睡
不能合眼，甚以為苦。六時赴陵園，以函件送委員長簽
署，即攜至首都飯店，交王夫人轉交芃生即晚帶去。晚飯
後核閱陸大講稿二篇。洗浴服藥，十一時寢。

3 月 6 日　星期五　陰、寒甚

晨七時五十分醒，覺疲甚，再睡至九時四十分起。

昨日覺精神疲頓，向委員長請假一天，今日在寓休
息未外出，亦未作事。

接吳市長一電，程大使兩電，均為摘要呈閱。

接西亞兄來函，備言近日心境煩鬱，對於未來生
活，至深憂慮，欲進時事，又羞於自鬻，擬集資創辦時事
參考資料供應社，如不可得，擬作旅行通信記者，或為滬
上各報紙雜誌撰文，以自給，苦語滿紙，讀竟為之不怡。
西亞從事報界近二十年，勤廉篤實，得未曾有，遭遇不
幸，至可慨息。

日本繼任內閣決定以廣田弘毅繼任，外相以吉田茂
充任，竊想此後解決全局之要求更形迫切，我國對付必感

異常困難也。廣田曾任美使館參事、荷蘭公使、駐俄外使，清季在華任使館一等書記官，與彼國軍部貌離神合，未來措施略可想見。夜八時服藥，十時卅分寢。

3月7日　星期六　陰

晨七時五十分起。

複閱委員長交下經濟方面材料及國防方面材料十六件，分配徐、高、李、傅、何五秘書研究。九時到侍從室，舉行五組談話會（原定星期四以事未開）。將各件分配後，並對於日記、閱書及考績事有所說明，最後聽取各秘書之報告，約九十分鐘散會。

核辦文件三種，續交高秘書一件，蕭化之、陳方之來談。十二時歸寓午餐。張曉峯、胡煥庸兩君來訪，談地理學會事，談未竟，驤兄來談中政會事，驤先去後，即留曉峯等共餐。餐畢，實之弟來談約二十分鐘去。以見客談話稍多，客去後，又頭痛欲裂，且疲甚。接七弟函，言將赴日，吟兄函，辭外交部事，即轉樵峯。啟煦姪函告在滬已接洽某報，詢余意見，即答以可暫就。午後傷風，在家休息，不能作事。

傍晚與學素外出散步卅分鐘，夜核辦文電四件，竺藕、舫君來談，十時卅分寢。

3月8日　星期日　晴

六時卅分醒，疲甚，嗜睡，再臥至八時五十分起。

十時陳劍翛君來訪，談中央大學近狀，首都講演會等問題，最後談童子軍理事會總會之近狀，十一時十五分始辭去。嵇季菊君來訪，談杭州諸友情形，並託余致函黃主席及新任民廳徐廳長，為之介紹。以黃主席久有任為縣長之意，迄未發表也。

十二時赴成賢街無錫同鄉會，參加浙高同學會第二次大會，到者元冲、心猷、述庭、繩先、稚鶴、復儒、小寅、丹若、霞軒、佛性、冶公、伯猷及朱起蟄、唐子修、鄭家相、沈遜齋、趙履祺、周慧之（智）、徐漢卿（又唐雄飛君）及余共二十一人。攝影聚餐後，開談話會，由元冲主席，推繩先、稚鶴、小寅繼任常務理事，三時散會。

傍晚作私函五、六緘，即發出。徐逸樵兄來訪，談社會教育及青年訓練事甚久，五時卅分去。夜核辦文電兩件，核閱講稿一篇。十一時寢。

3月9日　星期一　晴

七時卅分起。昨晚服藥較少，睡眠不寧，今晨頭重腦痛，遂未出席紀念週。

作私函數緘後，擬為委員長整理陸大講稿，乃頭痛欲裂，不得已服安眠藥一片，強令安睡，久不合眼，十時後在榻上睡去。十一時卅分又醒，遂不能寐，苦極。午飯後滄波來談約一小時，午後仍疲倦不能作事，徬徨不寧，

至四時，竭力設法再睡一小時，五時約學素出外散步。過古林寺入內遊覽，以天色欲暝，遂歸。途中冷風砭骨，無佳趣也。

夜為沈某校閱「日本國體論辨正」一稿，覺無甚精采，然已費去二小時。所謂日本國體論者，乃日人田中智學所著之小冊子，其大意謂日本利用皇道實行王道，以發揮慶（仁德之意）、暉、正三種主體所發出之積重，養之作用，其原文本無如何價值，徒以曲解掩護其侵略而已。辨正文為沈熳若撰，果夫囑余校閱之。

章啟槐君奉委員長命來談約四十分鐘。章為玉山人，久宦于東北，對現時情形似不了了。往訪申之、芝室先生及佐庭、文翰談約一小時，十一時寢。

3月10日　星期二　陰

八時起，昨晚睡眠尚暢，乃今日頭腦昏重異常，不知何故。

以身體不舒，遂未去侍從室例會，由學素代表出席，附去書目單一紙，請錢主任決定，為全室人員必讀之基本書。傍午學素歸，知已通過照辦。

午後患傷風甚劇，兩次上床，均未入睡，徬徨之至，心又劇跳。

胡政之君自滬來京，過寓相訪，談國內時局及日本政變後之趨勢，兼及大公報移滬出版之計劃，晤談甚久。余以啟煦姪之履歷面交之，託其設法試用。

核辦文電四、五件，交亦僑攜去發出。奉委員長交下講稿一件，又關於教育之方案三件，均命予審議之。接四弟來函，知將以明日來京。

傍晚滄波來談，晚飯後九時始去。閱東方雜誌。十時卅分寢。

3 月 11 日　星期三　雨

晨興，覺頭腦重滯異常，再睡至九時起。

四弟昨日自杭動身，今晨到京，談杭州家人情形，及八妹、七弟等近況。

今日中央政治委員會第十次會議，余因病請假，未往列席。

核辦文電四、五件，有張西曼呈委員長函，覺冗長空洞，未與摘呈。

核講稿六篇，未及動手修正，已覺頭痛難支，遂中輟。五、六日來，體力腦力均疲，甚以為苦。報載：日本新閣經軍部反對，更易人選，勉強組成，外相由廣田自兼，以吉田與宮中太接近也。

午後以頭痛不能作事，又不能睡，閱東方雜誌等書自遣。六時卅分赴大西洋川菜社，應枕公之約，宴申之、芝室、文翰、佐庭諸君，陪客有王伯天（京農行經理，義烏人）、吳敬生（梅理，亦烏義人）、周凱華（奉化人，莘南子），余勉強陪座，不思飲食，九時許歸。在大西洋以委員長資助伯揆之款面交枕公及七先生接洽。與四弟略

談，遂寢。

3月12日　星期四　雨、寒甚

八時起。

以頭痛未瘳，故未去參加總理逝世紀念，下午金子岡植樹典禮亦未參加。

與四弟談家事及浙江教育與圖書館在非常時之準備等，約一小時。

轉呈徐秘書道鄰譯件及高秘書傳珠摘要（新土耳其之國防）一件。

午前後兩約述庭來寓，談邊遠省分之教育及中政會教育專門委員會之進行情形。述庭告余，經子淵先生有一極大之義務教育計劃，將于通過時送中委會，主張下年度至少應增加義教經費七百五十萬云。

接柳亞子寄贈南社詩集六冊，多淺陋不足存者，殊覺芟刈未盡，貿然出版之無謂。

夜與學素詳談余之工作情形及黨政趨向要旨等約二小時。十時卅分寢。

3月13日　星期五　晴

八時卅分起。委員長交下梁式堂君所著「子產」及論語新編義詮（與歐陽竟無所著體例略同）兩書。

今日天氣晴朗，連日睡眠較足，精神稍爽。

為委員長校閱講演稿一件，尚有十二件未閱，近日

積件未理，殊覺時間不敷。

九時卅分去中央飯店訪張、趙、俞、王諸同鄉，十時陪同去陵園，遇見委員長。四君以寧波民食不敷，金融界無款可放，請飭中、中、交、農四行特做放款三百萬，辦米卅萬石，以備不繼。委員長允為照此意思轉告各行，在陵園晤江恆源（問漁）君及丁錦（慕韓），均未及詳談。十一時卅分再至中央飯店，約諸君及子青、佩箴與王伯天君同至中華門外馬祥興午餐。席間商定米貸款問題由農行約中、中、交合組銀團辦理，二時五十分歸寓。午後小睡一小時。六時去陵園晚餐，同坐有于、孫、吳、戴、梁、陳（樹人）、黃（慕松）及立法委員四、五人，胡師長宗南亦同席。九時卅分散。到中央飯店訪甸僑未遇。十一時寢。

3 月 14 日　星期六　晴

七時起。

修正中央文化專業計劃委員會綱領，及工作步驟一件，費二小時即送馬秘書。

九時到侍從室第五組舉行談話會聽取各秘書報告，並指示工作要點，約一小時餘散會，彝鼎、傳珠未到，退還慶譽報告一件，與道鄰、方理談。十時卅分到富民坊看勉廬先生，交去子產一冊，鄭式堂所著也。稍談即出，至教育部見王部長談浙大校長人選，一時歸午餐。

午後小睡一小時，二時起，以積件甚多，未參加演

講會，在家核辦文電四件（致行政院函為聘參議事），五時去陵園，與汪秘書談，閱各種文件。七時見委員長，報告近日工作約十五分鐘，夜核閱講稿三篇，八時卅分胡宗南師長來訪，有勇知方，堅忍善戰，近時名將之一也，在江西時以事未晤面，今夜始得傾談，對余極推崇，謂多年扶病奮鬥，足見意志堅強，宜保持健康，勿以小事抑抑，十時卅分去，十一時卅分寢。

3月15日　星期日　晴

八時起。述庭來訪略談而去。

核閱關於秋季演習之講演紀錄稿四件，至十時卅分覺疲甚，不能繼續工作，乃與四弟閒談家事及國內近時文化方面之趨勢，十二時實之弟來，略談即去，四弟應竺藕舫之約，往彼家午餐，電話約余同往，余擬利用星期餘暇清理積件，遂未赴約。

午後繼續審閱關於洛陽分校、空軍分校及新年在中央黨部等處講演紀錄稿六件，多所修正，直至四時卅分始畢，適鶴皋、秋陽兩君自滬來訪，五時卅分佛海來訪，共談舊事兼及時局，六時卅分佛海以事先去，余以鎮日伏案，思外出轉換空氣，遂與鶴兄等同至中央飯店小坐，七時偕往寧波旅京同鄉會晚餐，承會中幹事陸君殷殷招待，餐畢，參觀會所各部，覺布置整然有序，八時五十分歸，十一時寢。

3 月 16 日　星期一　晴

六時五十起。

七時五十分到侍從室參加紀念週，由劉祖舜組長演講防空之重要及注意點，約卅五分鐘，內容頗為扼要，至八時四十分完畢。葛武棨君來談，已搜集蔣先生言論集等二十餘種，面囑其先行統閱一過，擇其尤精切者摘具目錄，再行商核。十時偕方之至五台山村卅九號（即其寓）小坐，即約其到寓，診允默之胃病，處方而去。

午後核辦文電二、三件，小睡片刻，至三時往中央黨部，與厲生略談。復至楚傖處談憲法審議事，約二十分鐘，回寓一轉到陵園，晤蔣夫人，請其轉勸委員長，節省演講。旋在會客室與養甫同見委員長，請示數事，遂出至中央飯店，訪旬樵，略談歸。

夜楊不平、翁之龍兩君先後來，九時卅分始去，與四弟略談，託帶去大哥函，十一時寢。

3 月 17 日　星期二　大霧、陰、夜大風

七時四十五分起。七弟今日赴鎮江，將別，談約一小時。

九時去侍從室，調閱第五組秘書及各職員日記。毓九、奎才未送來，以葆恩所記為最完畢。

十時舉行侍從室會報，錢主任遲到，由余主席，討論軍訓、消毒、消防等案，十一時卅分散會。

蕭化之攜中央黨部職員徐維道等函請轉呈，即送葉

秘書長核辦，時已近午，草關於擬訂自治法規原則之意見，並核五組報告三件（內二件發還，又慶譽一件轉呈），十二時十五分歸。順道往訪李子寬主任未遇，及抵寓，騮先來訪，囑以電話請示委員長，決定明日中政會停開。騮先長談約一小時而後去。余至是始進午餐，已二時矣。小憩二十分鐘，赴楚傖之約談憲草事。三時偕往戴宅，訪季陶，亦商憲草事。季陶健談之極，與余等雜談，先後約三小時，僅二十分鐘談及本題耳。六時歸寓。七時晚餐，起草關於禁煙考成辦法之報告一件。八時卅分偕楚傖往陵園報告憲草事，適辭修在彼談至十時十分歸。十一時寢。

3月18日　星期三　陰、寒甚、狂風未已

晨五時醒八時許起。昨晚少服安眠藥半片，遂未熟睡，僅睡四小時而已。

閱陳辭修君送來「日本軍部之內幕與將來」及「二、二六政變之前因後果」兩文。又閱季陶上蔣先生論編輯教科書及修史（尤其修訂戰史）注意要點書。

調閱李毓九、楊奎才、張維庸日記，覺毓九所記較為草率，可反映其心情與行動。

十二時秋陽來辭行，擬即晚赴滬，作致旦文姨氏一函，又捐助君毅中學建築費百元，均託秋陽帶去。

以昨晚少眠，頭痛，神倦，午飯後擬安睡片刻，風大天寒，神經作痛，倚榻一小時餘，終未入睡。

核辦文電三、四件，三時去中央黨部，出席文化事

業計劃委員會，雪艇請假未到，公展、仙槎遠道來赴會，甚為難得。通過文化事業計劃綱要，四時卅分散會。與果夫略談，遂歸。

夜八時道鄰來訪，談五組事，及彼自身工作，九時去。洗澡服藥，十時就寢。

3 月 19 日　星期四　陰、稍暖

晨七時卅分起。睡眠雖足，精神仍不佳。

擬覆龍志舟電一件，呈核，因粵方派王、張二人到滇游說，請加入西南政委會，訂攻守同盟，志舟來電報告困難，請示應付方針也。余觀滇方態度，對中央未完全諒解，而對強有力之鄰省，則懷恐慌。此最宜善處之耳。並上關於徐道鄰調政院實習請示一件，又檢呈四書新編義詮一冊（抄本）。

午前十時中政會，秘書處處務談話，以頭昏未往。致君武函一件，為奉諭函告關於地方自治法規原則之意見。

午飯後滄波來訪，知今日中央常會中戴、林、蔣各委對中央日報頗有責備。平心而論，中央日報亦有未盡努力之處。二時邀方之來寓，再為允默診病，方之斷為非姙娠，處方二日量而去。三時覺倦，擬小睡不成，代委員長撰兒童德育歌序一首，即晚送呈。古秘書奉蔣夫人命來訪，代擬介紹書二件，即交攜去。夜致方立之（樞）一函。十時洗澡服藥後就寢。

3月20日　星期五　陰

晨六時四十五分起。

覆柳堂、陶遺、政之、啟煦各一函，八時卅分到侍從室，核轉五組秘書何方理、李毓九報告各一件，九時舉行五組定期談話會，決定購買四部叢刊縮小本預約一部，指示各秘書工作方向，並囑以後每篇報告必於首頁附摘要，以便閱覽，十時廿分散會。核改張教育長擬呈之十期第一總隊同學錄序一篇。十一時赴陵園見委員長，請示教育案要點，回侍從室，將核定意見函知王部長，一時歸寓午餐。小睡片刻即起，整理書件，四時去陵園，參加行政院各部會長談話。到翁、蔣、孔、吳、張、蔣、王各部長，談至六時始畢。到汪秘書室內小坐即歸。辦發復電一件，又送翁秘書長手令一件，為徐道鄰事。晚飯後八時往訪果夫先生，談省政及教育，至十時廿分始歸。核對大事概述一件。十一時寢。

3月21日　星期六　晴

晨七時四十分起。昨晚因談話過多，睡眠不佳，今晨精神又覺疲倦。

將張子羽所擬回教運動方針及季陶請表揚徐子休先生函摘要交汪秘書攜呈，因委員長擬今日動身去奉化，遂於九時許去陵園，請示一切。適已外出，遂在彼坐待。十時劉塵蘇大使及褚民誼先生來，代為招待坐談久之。十一時委員長自外歸，面諭下週中政會可停開，在離京期間中

政會事由五院院長商決，中常會事由常委處理云。十二時辭出（賀衷寒辭新聞檢查處長，化之擬呈請以余擔任，經面辭，得其允可），到赤壁路訪驪先，未遇遂歸。

午後二時往飛機場送行，與呂參軍長漢羣談甚久。二時卅分委員長偕夫人到場，遂起飛，今日外間無人送行，僅孔夫婦到場耳。三時回寓，思小睡，補昨晚之不足，登榻不成寐，甚以為苦。

夜教育部前專門司長孫時哲（本文）來訪談約一小時去。洗澡服藥，十時就寢。

3 月 22 日　星期日　晴

晨七時五十分起。

今日天氣晴美，兼以蔣先生回籍，心中負擔頓覺減輕。料理文電三、四件後，於九時出門，先到百子亭訪姚味辛君，為孫時哲房地被徵收事託其於議價時酌為體恤。適味莘外出，留函告之。旋至中央飯店訪玉書，以昨晚彼來電話，余適疲極未接談也。不料玉書昨晚已歸滬，殊悵悵。遂至熊慕顏君室內談話，知其日內將回川矣。十一時到鶴臯室內小坐，已而挺芳、惠僑亦來，惠僑以紹楷事相託，談至十一時五十分歸寓，午餐。

午後小睡半小時，有惡夢而醒。三兒、炳甥來寓，致孟海一函，託炳甥帶去。三時滄波來談，極言辦報之難，將辭中央日報現職。四時後滄波去，余本擬出外游覽，以允默病未痊癒，遂不果。在家看雜誌與允默閒談

而已。夜與何仙槎通電話，彼即將返濟南。九時洗澡，
服藥，十時寢。

3月23日　星期一　晴天、夜風甚大

七時卅分起。

盥洗畢，偕學素同去侍從室參加紀念週，由羅貢華
講演日本政變之思想的背景，約卅分鐘完畢。退入辦公室
核改委員長峨眉講演稿一篇，貢華、道鄰、晶齋先後來
談，十一時歸寓。

請方之再來診允默病，處方與星期六相同，並另開
注射用劑兩種，診畢略談而去。

午後小睡四十分鐘，二時往試院路訪季陶，適向育
仁、熊慕顏二君均在彼，季陶囑余接洽：（一）西北農林
局；（二）熱振及大金寺募捐；（三）徐休老事；（四）
向事；（五）世界運動會總領隊事。談一小時餘辭出。送
熊、向二君至中央飯店而後返。今日無公家文電，心思較
澄淨，但頗耽安逸，不願多用心，故未清理積疊之件。閱
東方雜誌論文五篇。傍晚與學素同出至北平路等處散步半
小時，夜無事，接讀七弟、述庭、暢卿、果夫諸函，九時
卅分就寢，僅服藥半片即未熟睡。

3月24日　星期二　晴

七時起，今日戶外風極尖峭，氣溫驟低，余鼻腔發
炎，殊感不適。

　　午前侍從室本為例會之期，余託學素代表出席，後學素歸，知未開會也。

　　審閱蕭乃華所記峨眉講演「政治建設」一篇，全文九十餘頁，初讀一過，尚擬細核之。

　　齊世英君來談，言復恒甚消極，對商學院不思久任，如近處有大學，頗願出而主持云。

　　午後因傷風極感疲倦，倚榻小睡，正極酣適，忽報客來，則鶴皋、公弢同來訪也。鶴擬即回滬，弢則以誠報停止，擬在滬設一朝報分社出版朝報上海版，暢談其營業計劃良久而去。三時卅分楚傖來談憲法審議會事，謂哲生之意見稍接近，就余商開會期，決定俟下週召集之。

　　五時五十分與道鄰同去五台山荳菜街就德醫息式白 Dr. Martin Hirschberg 診失眠腦衰之病，息醫斷為心臟病，循環不良，囑余減食紙煙，多食麵料及糖分，以冷熱水洗腳，每日在戶外散步一小時，並處方二種，十二日後再往。十時就寢。

3 月 25 日　星期三　晴

　　七時卅分起。

　　昨晚睡中，覺有輕微之喉痛，傷風較劇，晨興似有微熱，決定休息一天。

　　作家書數緘，致大哥、八妹及次行弟，又發皋、細、憐各一書，自余抵京以來，泉來書最少，皋及細兒已來數函，憐兒來函亦不多，余鎮日忙亂，不困于病，即困

于事，今日始得函寄諸兒也。

接微齋叔舅書，書法歪斜，自謂曰風石老人，讀之感念異常，即覆一書。並寄善元鄭州一函，附去農民銀行職員申請書一件。又接謙夫先生函，附下縣立中學募捐冊，亦即作覆。

午後俞國華君攜暢卿函來訪，俞君清華畢業，在暢卿處辦事二年，以行營結束回京，有請求出洋意。

核辦普通文電四、五件，均分別處理，擬不寄奉化。晚飯後往地質研究所訪翁秘書長，攜去公文摘呈表五份，囑其要事用電請示，次要者即辦，不必遠寄。九時卅分歸。服息醫之安眠藥，十一時寢。

3月26日　星期四　晴

七時四十五分起。

祝盧先兄自北平來訪，值余尚未起床，未及接談。十時往中央飯店訪之，談別後六、七年來之情形，以及余個人生活之變遷，盧先力勸予擺脫職務，注意身體。良友見愛之意至為真切。十一時卅分歸。張季鸞、曹谷冰二君過訪，十二時十分去。

午後方之來訪，為允默作第六次之診治，打針一枚而去。學素送來侍從室來件四、五件，分別處理或暫存。一時，偕學素、亦僑往第一公園大禹村及釣魚巷、頤和路等處看房子，因所租靈隱路之屋主人將歸，經于一月內交還也。三時歸寓，心思殊煩亂，不能作事，擬小睡，亦不

果。覆憐兒一函，接四弟來函，傍晚核閱峨眉講稿政治建
設篇，全文約四萬言，覆校一過，略加修正。晚飯後略擬
成都分校訓詞一篇，自七時著手至十時完成。下午貢華來
未晤談。

　　夜八時蕭吉珊兄來談，彼與陳維周晤談之情形，囑
為轉陳。服阿特靈，洗足，十一時寢。

3 月 27 日　星期五　晴

　　晨七時四十分起。

　　擬定侍從室考績格式表，交學素送至會中，便與錢
主任商酌。又交去摘呈之件及移送之件數種，並將成都分
校訓詞交學素繕正。

　　十時起準備材料，為委員長起草，「中庸之道與軍
事要領」大致根據於前次在陸大之講演，而就第一章加以
解釋發揮，此題甚難說得透澈，且客來時或間斷，自午動
筆直至晚十時卅分始完稿，首尾八千八百言，既成，亦不
暇細加複閱矣。

　　午飯時驪先來訪，餐方半，輟食以迎之。談中英庚款
情形、世界運動會政府代表、西北農專及同濟與滬市府合
設醫院等事，前後約二小時始去，余空腹陪客，累極矣。

　　楚傖、雪艇均來電未接談，傷風仍未癒，鼻腔炎腫，
十一時就寢，十二時入睡。

3月28日　星期六　晴

七時廿五分起。

接侍從室電話，知委員長已由杭乘專車到京，九時即往謁，先與學素到軍委會，交出抄件，及至陵園，則委員長已赴陸軍大學將官短期訓練班（第二期今日畢業）訓話矣。與汪秘書略談即歸。致翁秘書一函，請由行政、考試兩院會呈國府，表揚徐子休（炯）先生。十一時季陶來余寓，謂將與余作長談，即留彼在寓午餐。今日為先嗣父忌辰，在寓設祭，方之第七次來診允默之病，季陶與余詳談，彼擬作歐洲之游，及彼對於世界戰爭中我國應取態度之中心意見，先後談話三小時而去。滄波來談，頗思擺脫現職（中央日報社長）。四時往陵園謁委員長報告各件，與公權談西南情形，五時陳維周來見，陪同談話。六時歸，攜樂往外散步，二十分鐘歸寓，則思圻哥由滬來訪。夜與思圻哥談別後情形，九時卅分洗澡，十時卅分寢。

3月29日　星期日　晴

七時卅分起。

核辦文電五件。與思圻哥談今後時局之觀察。九時京市工務局長宋達菴（希尚）君來訪，宋君嵊縣人，留學美國，習河海土木工程，所居與余寓鄰近，故來過談，極誠摯，十時許始去。述庭來訪，談中政會教育專委會擬提出一龐大之義教計劃，需經費一千六百萬，蓋經子淵所主張云。

複閱二十七日所擬之中庸要旨講稿，再加校正，附加小標題，送汪秘書呈閱。

午後與思圻哥閒談往事，無限感慨，蓋三姊于歸陸氏，圻兄甫十九歲，今忽忽已五十矣，余戲謂圻兄，如稍閒必作一贈序貽兄，以資紀念。五時，圻兄回滬，余覺略倦，擬小睡未果。

接晏甸樵來函，對余備致慰問，意極可感。果夫送來米星如通訊社計劃，為摘要轉呈。

夜核閱委員長在黔講演一篇，在峨眉講演二篇，十一時寢。

3 月 30 日　星期一　晴

七時卅分起。

八時到侍從室參加紀念週，錢主任未到，由余主席。何秘書方理報告戰時之財政經濟，大致側重戰時財政搜羅，尚詳備，且有條理，甚喜其年來有進步也。八時卅五分畢，即回室核辦文電四件，又核閱講演稿（對峨眉訓練團所講總理遺教第二部分經濟建設），多所改正與補充。十時四十分完畢，去常府街訪果夫，彼適患病發熱，登樓見之，談回教運動及西南事。十一時卅分去陵園，旋即回寓一轉，十二時卅分往陵園午餐。同席者稚公、楚傖、陳維周、梁式堂、傅真吾及養甫、公叔、吉珊、詠霓、驪先諸人，二時卅分回寓。

午後接洽私人事件，以不久將遷居也。學素以父病

請假，即晚赴杭。

夜核辦文電五件，轉呈文件二件。仍服阿特靈，十時卅分寢。

3月31日　星期二　陰寒

八時起。

擇定關於國歌參考歌詞，交金書記繕寫，九時去侍從室，簽覆委員長詢問事項一件。十時舉行侍從室會議，決定考績由四月份起，於四月終呈送。並報告徐秘書調派至行政院實習事。十一時散會，複閱考績表格式，並改定讀書規則（時間定為十二時至一時）。十二時去陵園見委員長與驪先同時進見，商定明日中政會議事日程。午後小睡卅分鐘，二時卅分往蘆蓆營五十六號訪梁式堂先生，留交兒童德育歌序，以梁先生去馮宅未回，遂出至教育部，訪雪艇部長，談浙大事及明日提出之教育案。

五時歸寓，檢關於憲法之參考材料，交省吾繕正，以備呈閱。

夜研究憲法問題，八時卅分往訪佛海，談一小時而歸。十一時寢。

4月1日　星期三　晴

七時起。

今日天氣較昨晴暖，予始服短裝。

整理關於憲法草案之參考材料，並標舉要點。八時卅分往陵園親自送呈，旋即偕委員長同赴中央政治委員會第十一次會議。決議撫卹監察委員杜羲及修正行政院組織法等各條，十一時散會，與陳公博主任談自治法規問題，旋即至中政會秘書處一轉，十二時歸寓。蕭吉珊來訪，談粵中情形良久始去，午餐已一時矣。小睡卅分鐘往蘆蓆營訪梁先生，代表委員長致送行之意。四時去陵園參加中央黨部人員會談，葉、張、方、周、狄諸君均到。委員長指示三點：（一）裁減人員；（二）訓練下層工作人員；（三）注重教育與黨之溝通，尤須注意大學教育。五時卅分散，到軍委會辦電報二件，又摘呈報告一件。七時赴陵園作陪客，今晚請陳維周及其隨員鄧君毅、翁半玄等晚餐也，八時卅分歸。十時卅分寢。

4月2日　星期四　晴

七時五十分起。

八時卅分赴中央政治委員會秘書處，核閱發文十五件，又行政院送來關於遺產稅之徵收條例等一件，請與所得稅一併核定。擬交財政、法制兩專門委員會審查。處理畢，與狄君武秘書談會務久之。十時卅分歸寓。陳維周先生偕秘書翁半玄君來訪，談粵中情形，極言其弟擁護中

央，始終不貳，願中央信任而擁護之，談約一小時餘而去。

　　午後輯國歌一斑繕呈，蓋委員長一月前所命也。並摘呈軍事計劃一件，先送錢主任閱。

　　四時卅分去陵園，與汪秘書接洽公文處理辦法，五時十五分到軍委會，核閱文件三、四件，六時卅分歸寓。滄波來談，七時卅分晚餐。摘呈經子淵函一件，並擬複閱行政院公文簡明表九件。夜讀大哥詩文集，接遲兒來函。十時卅分寢。

4月3日　星期五　晴

　　以昨晚睡眠不暢，八時卅分始起。

　　九時到侍從室召集五組定期談話會，指示工作要項，十時卅分完畢。以傅冗退任行營四川公路監理處長事，託慶祥兄辦理任命手續。邀徐慶譽秘書至室談話，告以就本職範圍內切實做研究與搜集材料工作，勿分心外騖，以速熱中之謗。徐君初謂不然，繼亦接受。調閱本組職員日記十本，餘五本未送來。核辦覆電三件，十二時歸寓午餐，午後小睡一小時，辦文電四、五件，即至常府街訪果夫，接洽浙大郭校長辭職事，及張子羽回教運動之件。四時卅分去陵園，參加各部會長官談話會，關於蘇蒙密約討論甚詳，六時十五分始散。即至中央飯店訪陳維周君，約明日到官邸午餐。

　　七時去陵園晚餐，到王亮疇及于、孫、戴院長，葉、陳諸委員，張、孔兩部長。飯後談憲法事，九時卅分畢。

歸寓與張曉峯談，十一時代表往送王亮疇。

　　十一時卅分寢。

4 月 4 日　星期六　晴

　　七時卅分起。

　　吳南軒君來訪，談彼等發起一中國心理衛生協會，擬請委員長為贊助人，略談即去。

　　繼程遠帆兄來談浙江財政及所擬統一公債計劃，擬分四種，還期自十四年至二十年，利率九厘至七厘，希望中央迅予核准云。十時卅分果夫來訪談：（一）任遠出洋事；（二）天放請增經費事；（三）訓練民眾之權限事。十一時果夫去，余即至軍委會辦公，調閱日記日本，核辦文電六件，至一時卅分始畢。

　　歸寓午餐，三時赴陵園，攜有要件擬面陳，並請示委員長，適往湯山未歸，坐樓下辦公室待之。利用此時間核改講演稿二篇，至六時尚未回，乃回寓晚餐。餐畢接電話，招余往，至適開影戲，邀余同觀，一為滑稽社會劇，描寫失業及犯罪，二為海軍轟沉廢艦劇，描寫新陳代謝，青年與老年之衝突，過于顯露，觀之令人不怡，演畢已十時。匆匆數語即歸。所攜件仍未請示也。十二時寢。

4 月 5 日　星期日　陰

　　八時十分起。

　　昨晚以看電影，受聲與光之刺激太強，致未熟睡（僅

睡五小時），今日頭痛而疲憊。

繼續核閱講稿二篇，至十一時完畢，內一篇係蕭自誠君所記，簡要精切，較之乃華所記殊勝一籌。乃華資性甚優，惜近來不肯虛心，遂自阻其進步，可惜也。暇時仍擬痛切告誡之。

十一時卅分赴陵園向委員長請示：（一）關於郭任遠件；（二）中政會開會事；（三）核辦公文手續等。

又關於人事問題，報告數件，十二時卅分歸。順道過訪中央飯店訪陳維周，親交密碼電本一冊。

午飯後核辦文電四件，發暢卿二電，為川教廳及川省府請增設委員事；禁煙總會有關於閩省清理存產辦法一件，送朱主任代批。三時志剛弟來訪，因聞允默病，特來問候，四時去。小睡四十分鐘，略補昨晚睡眠之不足。起後覺悶，與允默、兩兒往外散步，約卅分鐘而歸。

晚飯後覆蔡勁軍一函，為梁仲粲事，又代委員長擬覆章太炎函。十時卅分洗早就寢。

4月6日　星期一　陰晴、午後熱甚

七時十分起。

八時到侍從室參加紀念週，錢主任未到，余為主席，由軍政部學兵隊隊長李忍濤君（雲南人）講演防毒常識，約卅分鐘，僅講毒氣種類，餘下次續講。十一時訪錢主任，商出發各事，即至陵園，適在見客，與李武官伯顏談蘇俄現狀，黃為材君交電稿兩件，請示後奉諭可發，又

將至章函送請核定，奉諭葛秘書隨行，並派羅秘書同行，遂歸寓午餐。

午後芩西兄自滬來訪，談川中各事，知甘典夔亦在京。旋叔眉兄來，略談即去。

二時卅分到侍從室，與貢華談，囑其隨行辦理文稿。錢主任攜示明日行政院議程，關於川省府者覺有疑義，遂往政院訪劉秘書公潛（泳闓），亦謂應再請示，乃到家一轉，抄附近日來往電，再去陵園請示。奉面諭改正。與健羣、岳軍略談而歸。夜校閱委員長在縣市行政講習所訓詞一件，孟海來訪未晤。十時卅分寢。

4 月 7 日　星期二　陰、下午雨

七時五十分起。

昨晚大雷雨，時已午夜，予酣睡，但毫不覺也。

八時五十分到中政會秘書處，詢明日有無要案。狄、胡諸秘書均不在會，招吳秘書長煉才至秘書室略談，即至中央黨部訪楚傖，談新聞檢查等事。回寓一轉，十時赴軍事委會，核辦文件六、七件，與陳醫官、鄭書記談公務，又與蕭秘書談新聞檢查事。十一時卅分赴陵園，以中政會無要案，留書報告，遂歸寓。一時卅分得委員長來電話，決定明日不開會。

午後二時卅分赴中央飯店訪芩西及甘典夔、劉鏡如兩君。甘、劉為談川鐵路事甚久。出至教育部訪雪艇，談川教廳及任遠出洋事，又談失學失業青年救濟事。四時到

安樂訪叔眉，五時歸。

今晚委員長宴蒙東潘王及各旗代表，馮煥章、李協和及朱、何、唐、程各軍事長官，黃、趙（蒙委會）均陪席，予亦被約同餐。席間賓主相互致詞，潘王有至死不變擁護統一之語。八時餐畢，與委員長略談即歸。十時卅分寢。

4月8日　星期三　陰

晨七時五十分起。

九時赴中政會秘書處，狄秘書不在會，以國民工役法原則案一件交葉秘書秀峯，略談即歸寓。十一時接陵園電話，往見委員長。適季陶、楚傖二先生在彼商憲法案等件，旋張外長來談日俄形勢及應付華北方針等，十二時散。與季陶同車至明孝陵一帶觀櫻花，一時歸寓。

午餐後核辦文件六、七件，方擬小睡，適接會中電話，謂委員長招予往談，遂至陵園，乃臨時欲予同行赴漢。此次事前已允余留京，忽然要余同去，殊苦準備不及。遂返會處理急要各件：（一）以郭（任遠）、張（子羽）經費手條寄果夫；（二）許大使、章太炎經費件寄周署長；（三）派郭任生為參議手條寄詠霓；（四）中政會開會及處理手續寄君武（以上均交亦僑手）；（五）指定慶譽代行五組事。遂匆匆返寓，整理行裝。允默悲鬱，強起相助。晚飯後遣金書記省吾先行，七時半偕陳清登逸仙艦，又作旅行生活矣。臨行發新聞稿交亦僑。十時就寢。

4月9日　星期四　陰雨

晨七時五十分起。艦行震盪，且鐘聲激耳，昨晚未熟睡。

八時十五分早餐，與錢主任、蔣參議等閒談。逸仙艦僅能一小時行十五哩，須明日午後可到漢口，或明晚到漢亦未可知也。十時登甲板上層見委員長，商憲法草案事。委員長決定：

（一）國民大會以外不必另設民意機關如議會等；

（二）國民大會每三年開一次，須有五分二或三分一以上之同意方得自行集會；

（三）總統應有緊急命令權，任期應定為六年；

（四）立法、監察兩院委員半由選舉，半由政府提出；

（五）國民大會行使四權，應明定其範圍手續及提議決議之人數；

（六）總統總攬行政權一語應刪；

（七）政務委員或仍定為二十人；

（八）五院之調節應充分注意。

囑以此意擬致亮疇、哲生、季陶、楚傖合一函。十二時擬就，午餐後呈閱繕正。小睡一小時，起與乃華、荻浪閒談，閱行政院會議記錄及報紙摘要。

傍晚登甲板散步，發南京無線電一件。七時晚餐，餐畢乃華過余室長談。十時就寢。

4月10日　星期五　晴

八時五十分起。

昨晚以艦行震盪，仍未熟睡。

九時卅分委員長招往其室談話，命予於到漢後住一日，即回南京，並交付工作五事：（一）雜誌；（二）編輯關於大學要旨小冊子；（三）商定教育根本改造案；（四）失業青年救濟案；（五）憲法問題；並面囑傳達吳震修出國之要點于張外長；談至十時卅分歸室。荻浪來談，擬多讀國學書籍，為擬一書目與之。午餐後與錢主任等商定西行人員之名單，四時卅分艦到漢口，何主任雪竹及暢卿、若衡與高監察使均登艦來迎，即上岸至中央銀行休息。

五時卅分暢卿來訪，談鄂省政治教育及各種情形及川、黔近況。雪竹先生亦來談，詢予中樞近月來要聞及外交形勢。暢卿擬約余及慕尹外出晚餐，慕尹不願到餐館，八時乃同往劉少岩君之寓晚餐。官室之美，肴饌之富，南京所不常見也。餐畢略談，回寓已十時。方之、明鎬來談。中央社李堯卿來商新聞稿。

客去就寢已十一時五十分矣，住太平洋飯店一二三號。

4月11日　星期六　雨、午後晴

晚睡太遲，且旅館人聲嘈雜，未熟睡，十時許始起。

委員長赴湖南軍官分校訓話，余未攜短服，因未同往，留寓休息。十一時佩箴來訪，言農民銀行發行情形極暢旺，已達五千萬以上。十一時卅分渡江至武昌省府，應

暢卿之約午餐於東偏新建之洋樓。余到時暢卿尚未回，與
陳振先君（鐸士，現任國營金水流域農場場長）及省府諸
委員周旋十餘分鐘，旋芷町辦公畢，出而迎余，暢談極
歡。二時午餐，何、楊外陪席者省府諸委及吳市長、池參
謀長等，三時渡江返寓。武大校長王撫五及楊端六君來
訪，巨卿甥亦來談。四時往中央銀行與魯若衡同見委員
長。擬覆馮煥章一電，核閱來電三件。五時隨委員長乘車
同至劉家廟等處巡視，折至中山公園游眺久之。七時歸
寓，明鎬約往亦園晚餐。餐畢再至行轅，留函與慕尹道
別，遂登寧紹輪回京。若衡、濟時及高秉衡、徐榮卿、謝
惠元、耿民等均到送船，九時開行。十一時寢。

4月12日　星期日　晴

昨夜少服安眠藥半片，睡至三時即醒，天明後再睡
至九時卅分起。

舟中無事，閱東方雜誌消遣。沈榮山君兩過余室談
話。十一時抵九江，江華船長張延齡過訪。旋毛鳳章君到
船來邀登岸，至其家午餐，意極殷摯，卻之不可，乃與榮
山及其眷屬同至花園飯店。同席者黃子蔭將軍及其友賀培
之，與寧紹公司潯經理謝其鍇君等。一時卅分下船，中央
社九江分社記者某君來訪，未晤談，閉戶小睡，至三時始
起。林玉聲君來談，謂將往南京另覓工作。招商局自蔡振
基長局務以來，輕于改革，客運、貨運均減，且輕視舊日
職員，概以老朽一律鄙棄之，不願鬱鬱久居此矣。此言雖

或過甚，然留學生辦事之輕率亦有足以害事者。晚餐後陳君雨巖來談，陳君去後，榮山復來作長談，余精神殊疲，唯唯應之而已。補記三日來之日記畢，已十時卅分，服藥就寢。

4月13日　星期一　晴

九時起。昨晚在舟中談話太多，仍未酣睡，故又遲起。

早餐後在艙外閒眺半小時，以黃子蔭之介，得晤陳叔澄（時），陳君武昌中華大學校長也。應榮山之請為致黃主席季寬一函（請仍調蕭冀勉為第二保安處副處長）。十時抵南京，亦僑到埠相接，車中談及允默於九日發熱甚高，現已回滬。抵寓後接允默自滬來函，言已稍癒，擬暫留滬，心始稍慰。十時卅分赴中央黨部訪楚傖，適在政治會議，遂往政會秘書處與之詳談，並攜交委員長之手函，且錄一底稿交之。原函尚須攜示孫、王、戴諸公也。十一時卅分往外交部訪晤張外長，轉達委員長之意，略談歸寓。聞公弼在公弢家中午餐，遂往王宅同餐。晤飄萍夫人及同茲、如音諸君，餐畢談約一小時歸。覺頭痛發冷，且極疲憊，遂蒙被而臥，劉秘書時範來訪未晤談也。數日來心境不寧，精神大感疲頓，假寐至五時始入睡。

七時卅分醒，強起晚餐，八時卅分林玉聲來訪，客去後略閱公私函件。十一時寢。

4 月 14 日　星期二　晴

八時起。昨晚睡仍不佳，晨起極勉強，覺有心跳，且手指微顫。

九時去陵園新村訪孫院長哲生，面呈蔣先生手函。彼對所提各點大致均贊同，謂將約集立法院起草各委於正午會其宅商談。十時到中央黨部以此意告楚傖，並至中政會閱明日議案，與狄、許二秘書略談即出。晤朱騮先秘書長於門首，遂上樓略談。告以孫院長十一時當來會，本週輪推彼為主席也。十一時回寓，將禁煙案卷交金書記摘抄，接慕尹宜昌來電，謂已乘民生艦起行，即通知葉、翁兩秘書長。

十二時往孫宅午餐，到葉楚傖、傅秉常、陶益生、梁均默、林佛性諸人，對憲法及國民大會事列席商談。二時返軍委會料理雜件，將力子來電（為陝特稅事）送禁煙總會。顧主任來電，仍送錢主任辦理。與劉秘書時範、劉參謀仲荻接洽各事。五時回寓整理各件，準備遷居。七時赴中央日報社新廈晚餐，到楚傖、翼如、道藩、公弼、同茲及邦式、客公與段夢輝君，並參觀各部，頗多新式設備。餐畢歸寓，收拾行李，十一時攜訓清搭夜車歸滬。

4 月 15 日　星期三　晴

七時抵滬北站，即雇車返福康里寓所。趙方甥及兩兒坐迎於門首，見允默已起坐，詢知十三日以後未發瘧疾，唯覺疲乏耳。

　　九時以電話邀請傅壯民醫師來診允默之病，壯民謂脈膊良好，瘧已斷，胃腸失調，當係姙娠之現象，為處方兩劑，一治瘧，一助消化，又謂宜服丁種葡萄糖以增加養分。

　　向午秋陽來談。午飯後次行來就予商職業，擬進行市府專員，約談一小時去。二時小睡，三時起，覺精神殊爽健，決意今日絕對休養，不看書，與允默閒談而已。

　　四時啟煦姪偕西亞來訪，西亞自失業後極抑鬱多憂，予百端慰藉之，並略予資助。啟煦談大美晚報之內容複雜，六時卅分始去。夜至新聞路理髮並散步。一到上海，心中便閒適許多。十時卅分寢。

4月16日　星期四　晴

　　七時十五分起。

　　八時至愛麥虞限路二三四號訪葉楚傖（今晨由京來），小坐即同車至愛文義路覺園訪季陶，彼方試西服，精神奕奕，似民國十一、二年時模樣矣。出蔣先生信示之，略談即偕往高恩路二六七號訪王亮疇。對憲法草案根據蔣先生來函要點逐項研究，季陶並主張立、監兩院委員，每三年應各改選，或改任半數以符新陳代謝之義，而謀五院關係之圓滑。十一時卅分談畢。偕戴至楚寓，將談話筆錄整理一過，回寓午餐，已十二時卅分矣。

　　一時卅分圻哥偕六弟來訪，同時馬生積祚來談，陳義甚高，戒以專心耐守。甫送之出門，而復恆來談青年運

動及教育問題，頗有切實主張。旋次行來，未及一刻鐘公展來談青年訓練及新聞界事，先後約九十分鐘，圻兄等先行。米星如君又來訪，為神州電訊社事。米君去後，岑西來訪談川事，八時晚餐，與啟煦談報館事。晚飯後次行再來，為致吳市長函一件，自二時至九時見客七小時，疲極。十一時寢。

4月17日　星期五　陰雨

九時五十分起。

昨日賓客紛集，談話過多，腦筋漲痛，幸睡眠尚佳，今日決謝客，詭稱已赴京矣。

十時卅分圻兄再度來訪，商良英甥事，因已入中央信託局而尚未指定職務，堅請予再為一行。舐犢之情不忍拂之，遂至中央儲蓄會（三馬路四川路）訪李叔明君，鄭重請託，並對琢堂先生致感謝之意，略談辭出。邂逅李孤帆君，彼方任信託局保險部事，邀至其辦公室一談。自言對目前工作極滿意，十二時後以車送余歸。秋陽來寓，邀同午餐，談余在京中服務情形。二時秋陽去，接學素來函，接慶祥來電，知傅銳到川不能接公路處事。此雖中間有人作梗，然亦足為妄思干進者戒，予殊不願為之遠道補救也。接公展函，為同濟及市立醫院事，又一難題。夜良英甥來談。十一時搭夜車返京。

4月18日　星期六　晴

晨六時卅分起。

昨夜車中竟未睡熟，每站停靠時必醒，約計僅睡三、四小時而已。

七時抵下關，學素、亦僑等來迎，同車進城，回頤和路二十三號新寓。布置楚楚略定，但覺此屋太閎崇，且歐化太甚，不適予之簡易生活，但蓋已遷移，亦暫安之而已。學素攜兩電呈閱，一存一轉。擬電蔣先生報告憲草事，既擬成矣，繼思不如待有結果再報告，遂又止發。九時卅分赴佛海家，約孟武、思平、滄波三君來談憲草事。午十二時應楚傖約同往午餐於其家，同座者太蕤、元冲、厲生、景薇及余等五人。餐畢再回佛海家小憩。三時中央黨部開憲草審議會，到君佩、陸一、景濤、浩徐、秉常、太蕤、厲生、周、薩、梅、程及佛性、德生、益生、景薇諸君，由楚傖主席，將滬上會談情形分別報告畢，逐節討論。立法院方面對某某數點，仍極堅持，卒將滬上所商出者打消一條，變更二、三條，三時卅分開始直至七時卅分草草完畢。回寓晚餐後，疲憊之至，與學素略談，十時寢。

4月19日　星期日　晴

七時卅分起。

午前孟海來談出處問題，甚難決，擬辭交部職，囑予轉為樵峯次長言之。旋稚鶴來訪，十一時去。拍發成都一電，以憲法草案審議結果報告蔣先生。閱公私電函七、

八件。

　　午後整理雜件，閱東方雜誌及國風雜誌。

　　報載蘇、浙、皖、京、滬五省市汽車消費如下：

汽車總數一三、五七二輛；

每月用油蘇　　一〇四、〇〇〇加倫；

　　　　　浙　　一四〇、〇〇〇加倫；

　　　　　皖　　　三一、〇〇〇加倫；

　　　　　京　　二四二、〇〇〇加倫；

　　　　　滬一、四七一、〇〇〇加倫；

　　總計約二百萬加倫。

　　小睡一小時起，以天氣晴美，約學素出玄武門，沿湖散步，行遍西湖，不入公園，以避囂煩。天氣晴美，且行且談，殊有佳趣，七時回寓。宗良來訪，談劉公潛（詠閭）秘書新調職務備極鬱鬱，囑予為相機言之。八時晚餐，餐畢，竺藕舫來談辦理浙大方針，十時後去。十一時卅分寢，一時後入睡。

4月20日　星期一　晴

　　六時即醒，以疲極再睡至七時五十分起。

　　京市天氣驟然悶熱，今日尤甚。予以昨晚竟夕未安睡（以冷暖未調勻），殊覺頭痛，心亦不定，不能作事，只將自漢攜來之行篋各物加以整理而已。

　　徐慶譽兄來談，知彝鼎、毓九均曾請假數天，又言五組同人以在京生活費用浩大，擬請委員長體卹，酌予增

加，予告以不便轉請。

　　午後尤悶熱，擬小睡不果，楚傖來電話，商憲法審議會報告事，遂為代擬報告文一件，並整理條款。四時攜往彼寓商酌，並談國民大會選舉問題，及失業青年救濟問題等，至六時許始歸。楚傖兼理眾務，辛勞可憫，然其從容之度，抑亦不可及也。實之弟來約同晚餐，並在露臺上坐談良久而去。十時洗浴就寢。

4月21日　星期二　晴、鬱熱

　　九時起。昨睡稍佳，今晨精神較適。

　　致大哥、四弟、圻哥各一函，又上外舅一函，告近狀。

　　徐君道鄰來談行政院服務情形，並有數事就余商酌：（一）擬建議設一行政、司法兩院權限劃分之委員會，設於國府，為解決行政處分是否合法問題；（二）皖省萬頃湖之管轄及所有權；（三）專員直接行文問題等。徐君見解精密，論斷亦極老到，留學生有此才亦不可多得者。十一時卅分去。

　　午後無事，閱元冲所編民族正氣文鈔，所收羅者自李綱、岳飛、文天祥、王炎午、鄭思肖、俞大猷、戚繼光、史可法、張煌言至清末民國先烈之文字共五十四首，均至性磅礴之文字，並引洪士升語序其首曰：「宇宙之所以撐待者士氣，鼓士氣以文章」，其用意可概見也。六時偕道鄰赴德醫息式白處作第二次診斷，謂余病在少運動、多思慮，宜每日有一小時在戶外。夜與學素閒談，十時寢。

4月22日　星期三　雨

七時五十分起。

昨夜大雷電、雨雹，至今晨二時許始止，戶外風雹大降，遂未熟睡。

今晨醒後忽繫允默之病不止，近日來思慮之雜亂不可名狀。蔣先生交下之工作均未動手，為此框怯，處此事勢，避拙無計，如何如何。接汪荻浪自成都來電。

致杭州諸兒各一函，又致樵峯一函，為孟海乞退事又致養春函，推薦張豁然君。豁然中央政校教育系畢業，高考及格，分發於教部，某年在教廳實習時，予曾親自指導之。

午後小睡約一小時，起讀鄭大朴所著科學概論，全書四章，極簡賅，六時畢事。

劉健羣君來訪，談今後如何使知識分子與實際事業發生聯繫，及中央幹部宜如何建立，又談上海時事新報事。晚餐後伯鷹來訪，談實業部情形。八時去佛海家商量雜誌之組織。旋果夫來談憲草事。九時卅分回寓。十時卅分寢。

4月23日　星期四　午後雨

六時卅分醒，七時起。今日天氣轉涼，精神較爽。

八時去軍委會核辦文件六、七件，接錢慕尹主任電，知已於昨日未刻到滇，約留三、四日仍回成都。九時召集五組各秘書開談話會。所談要點：（一）外交專門委

會開會情形；（二）蘇蒙協定及日蘇關係之觀察；（三）憲草修正要點及國民代表選舉問題；（四）中心思想與中國之形而上學；（五）各秘書報告近週研究情形，並商雜誌內容等，約兩小時散。十二時回寓午餐，午後無事，閱張居正集。二時卅分小睡，四時起。發寄允默一函。

致四弟一函，中有數語附誌於此：「知已領到黨證，從此同胞關係又加同志關係，甚為欣幸，弟願以文字自效，不欲旁騖，甚善。本來黨員對黨應自審所長，而為最善之貢獻，黨對黨員亦應量其力而盡其才，此中著不得絲毫勉強。兄十年來即以量力而行盡力始止八字自矢也。」六時滄波來訪，邀共晚餐，九時卅分去。十時出浴就寢，甚酣。

4月24日　星期五　雨

七時五十分起。伯鷹來函勸予「每日睡前兩小時，將一切放下，無論天崩地裂之大事皆不之思，而但寥兮寂兮以遊神於廣漠冲淡之野，必可寧靜夷獨，酣然甘寢」，此誠藥石也。

九時許，楚傖、果夫、道藩、健羣諸君均集余寓會談教育根本改革問題，均以中央方針與教育行政之現實狀況未能打成一片為最大憾事。健羣提出三原則：（一）不需要者不造，故大學科系須釐正；（二）造則必需用之，故須規定學生畢業後之任用辦法；（三）須切合於目前中國之建設與復興需要，故任用之先，尤須有訓

練。葉、陳二君亦發表若干意見，並談及平、滬各大學之人選問題及失業青年救濟等問題，相約以後再提出書面意見，十二時散。

核閱文件三、四件，接貢華、武棨各一函，又接大哥一函，告寧屬遷墳之狀況。傍晚得允默來函，言病體仍未康復，略談即感疲倦，胃又作痛，念之殊甚。

夜柏青來訪，攜示著作兩種：一、歐洲諸國與日本之青年訓練；二、今日之意大利；囑予為作序。九時柏青去，十時就寢。

4 月 25 日　星期六　晴

七時四十分起。為柏青致函葉溯中兄，商請正中將柏青著作為之出版。

以連日蟄居煩鬱，九時約學素出遊郊外，以舒心襟。先至棲霞洞，繼至明陵，步行三里許。遇傅煥光君，談松毛蟲之驅除方法。十一時歸寓，羅君強兄來談。

十二時卅分乘車赴滬，視允默之病。車行原野間，游目縱觀，且開窗納陽光，覺胸次廓然一爽。夜八時四十分抵北站，即雇車歸寓，家人均尚未睡。與晚梅哥談家事久之，十一時寢。

4 月 26 日　星期日　雨

七時五十分起。允默之病似較前週減輕許多，胃口亦較佳。

竟日未出門，在家與晚兒閒談，並理舊書籍，且課兩兒寫字作畫，意趣殊與在京時不同。惜霢雨終日，不能出門為憾耳。夜十時卅分寢。

4月27日　星期一　雨

八時起。昨晚未服安眠藥，竟爾酣睡至暢，可知余病完全在心理也。

閱報知委員長已由雲南飛抵貴陽，想不久即可回京，予本擬即歸，以聞吟兄伉儷明日可到，擬以允默病與旦文姨氏商之，故決再留一天。午後無事，擬往訪鶴皋兄，以電話詢之，乃承過訪，談一小時，又邀往其家晚餐，九時後始回寓。買水果與晚兒且食且談，直至十一時始寢。

4月28日　星期二　雨

八時起。

昨晚仍未服藥，睡眠亦頗佳。晨起趙君之仙來訪，為軍事公債事，囑探詢償還方法，談一小時去。

吟兄等仍未到滬，余見委員長昨已抵湘，遂決定今日歸京，十一時卅分提早午餐，一時二十分到北站上車。車中晤中國水泥廠徐美峯君（鄞縣人），閒談破寂。七時四十分到下關，即與學素等同車回寓。晚飯後閱近日函件。九時往訪翁君詠霓（晤竺藕舫君於翁寓），十時卅分歸。十一時寢。

4月29日　星期三　晴

七時卅分起。昨晚服阿特靈一片，睡眠亦佳。

大哥寄來戰史初稿第二輯，即作書覆告之。

九時至行政院訪政務處長蔣廷黻君，談雜誌事，蔣君以為此誌不易辦好，與予所見略同。唯謂蔣先生既決意要辦，則亦不妨試為之。並介紹政院同事八人，堪以相助，十時辭出。至中央政校訪吳、劉兩主任，振東不在校，與挹峯談久之。據挹峯所言，似政校教師中能發揮中心理論者不多。十二時振東歸，復與略談，約再晤詳商，十二時卅分回寓午餐。

午後二時卅分到楚傖家會談失業青年訓練與救濟，參加者詠霓、廷黻、雪艇及健羣，決定大學生由中央訓練之，中等學生由各地分區訓練，中央指導之，五時散會。赴軍需署訪枕公未晤，到軍委會一轉，發致暢卿一電，為隨行飛機降落滎陽事。六時回寓，道鄰來談。夜溯中來訪，談正中書局進行狀況，約二小時始去。十一時寢。

4月30日　星期四　晴

六時卅分醒，七時起。

昨晚未服藥，睡亦酣，但屢醒不能久睡耳。

委員長自湘寄回峨眉講演稿一篇，再為審酌修改，自八時起至十時完畢。送縣政訓練所請方教育長印刷，分發各學員，由學素送去。覆友人函札五件。覆憐兒信。

接四弟廿八日發長函，報告寓杭家人情形甚悉，並

知本鄉掘河即可竣工。

　　午後接委員長自南昌來電，囑於明後日到潯，遂去飛機場接洽明日飛機，則中航機新改行程，直達漢口，不在九江停落，不得已明晨搭輪西上，恐行程仍不免遲誤耳。

　　午後小睡一小時醒，文化事業計劃委員會開會，請假未出席。佛海來談，嗣季俞來談，五時往訪楚傖，談四十分鐘出。至行政院訪詠霓不遇，遂歸。與學素出外散步久之。八時回寓晚餐。夜翁詠霓來談甚久，託余轉達四、五事。十一時寢。

5月1日　星期五　晴、午後陰

六時卅分起。發家書，告赴潯事。覆黃慕松函，謝前週未赴宴會。

七時卅分攜維庸赴下關搭招商局之建國輪西上，袁廣陞副官同行，學素亦僑省吾均送至船上。八時項傳遠君來送行，廣陞之甥江鏡先君（四師畢業，曾從余學英文者）亦來送。八時卅分開船，以昨晚睡不暢，小睡片刻，補足之。

動身殊倉卒，未攜書籍，檢篋中僅有歐陽竟無之大學王註讀一書，細閱一過，覺其言論亦有警闢獨到處，對後儒支離曲解處針砭尤切。

午後四時抵蕪湖，停泊二小時，船長黃友士君（廣東潮安人）來談甚久。黃君畢業煙台海軍學校，曾隸杜錫珪部下，於海軍情形極熟悉，對陳厚甫頗有貶辭，甚至斥其扶外力以自固，則不免門戶之見耳。在甲板上散步約卅分鐘，江風襲袂涼甚。夜十時卅分寢。

5月2日　星期六　晴

七時卅分起，草報告三件，摘述委員長交辦之教育案失業救濟案等之經過。

舟行甚緩，十時卅分始過安慶，詢舟中人云，須下午六時到潯。擬發電報告，以舟中未設無線電不果。林玉聲夫人同舟西上，午來訪，談其夫之職業問題，主張耐心工作，勿見異思遷，所見至當。午後七時到九江，警備部

派參謀長宋振岡、副官長楊武吉來迎，慧鋒邀往中央銀行
住宿。接楚傖來兩電報告憲草事。十一時卅分寢。

5月3日　星期日　上午雨、下午晴

五時三刻起。知委員長在海會寺，六時卅分乘汽車
挈維庸同往。適大雷雨，到海會營門外里餘即係山坡，車
不能開，舍車而步，坡峻路滑，以輿夫扶掖而行，得免傾
跌。十時委員長偕錢主任等來，十一時舉行特訓班開學
禮，午膳時報告在京各事，即覆楚傖一電。午後三時離海
會寺乘轎下山，至觀音橋棲賢寺，寺旁新舍四楹，委員長
所建也。門臨大溪，泉聲潺潺，景極幽蒨，夜月色甚美，
與天翼、慕尹諸君長談，直至十一時卅分始寢。

5月4日　星期一　晴

六時卅分起。兩夕未熟睡，晨起頗覺勉強，以今日
將動身，不敢貪睡，然兩足殊酸痛。委員長昨晚交下手擬
國歌稿一件，大意分三段：（一）述中華民國歷史之悠久；
（二）述三民主義之偉大；（三）釋國民革命之意義，勗
後來者之努力。囑余為潤色之。錢君慕尹所謂：國歌不宜
太冗長，須使人人易會易唱，此語甚有見地，然國歌實不
易作也。又交下年譜自序稿一篇。早餐畢，余方在溪旁小
亭閒眺，流連不忍去，委員長忽傳令上牯嶺游覽，遂匆匆
同行。自觀音橋上牯嶺，須經含鄱口，山石犖确，又須涉
大溪數處，路極險峻難行，十時卅分始到牯嶺。譚局長炳

訓逆於廬林，即同至廬山圖書館休息。十二時范石生師長來訪，午膳後到河東路十二號視委員長新宅，旋至仙人洞等處游覽。憶與力子、立夫、佛海三君同遊攝影，蓋六、七年前事矣。三時十分下山，四時卅分到蓮花洞，五時抵九江，即登永安艦返京，艦長李向剛（健庵，閩人）。十時卅分寢。

今晚在舟中與委員長作三十分之談話，詳述余對國事之觀察及自身心理煩悶之由來，委員長謂：種種消極悲觀，多由身體衰弱而起，宜節勞攝生，對人對事則仍須保持獨立之見解，以和而不同為立身之準則可耳。

5月5日　星期二　晴

六時十分起。七時早餐，八時四十分抵蕪湖，即登陸改乘汽車回京。車中委員長為述視察川、滇、黔之感想，並詢余對於教育改革案之意見。十一時抵京，在陵園官邸辦函電三件；回軍委會一轉，十二時卅分返寓午餐。中央社馮有真君及毛勉廬先生先後來談。二時卅分睡，三時廿分睡。繕擬談話稿一則，晚飯後往湯山俱樂部呈核後即交中央社，九時卅分歸寓。十一時卅分寢。

5月6日　星期三　晴

六時廿分起。核辦文電七件，又檢送前存積件五件。

審閱第五組研究報告，高一件、張一件、何九件，共十一件，又檢呈徐慶譽報告二件。

午後小睡不能寐，六弟及陳克成君來談，傍晚約滄波往城外散步，順道至中央飯店，偕六弟等同行至陵園及陣亡將士墓游覽而返。夜楊不平、邱纘祖兩君來談，十一時寢。

5月7日　星期四　晴

七時十五分起。八時往訪季陶先生，談國歌事，季陶交余建昌設省草圖等兩紙，九時至中央醫院視文伯病（患臍癰，昨晚用手術）。十時到軍委會辦函電數件，核閱化之送來各件，約五組秘書開定期談話會，詢工作情形，調閱各職員日記。十二時四十分回寓，公弢、滄波來午餐。三時卅分客去小睡。六時訪果夫。七時卅分晚餐，乃華來商峨眉訓練集之編制。紹棣來訪，談至十一時去。十二時寢。

5月8日　星期五　晴

七時五十分起。最近兩晚均未睡足，昨夜僅睡三、四小時，殊疲憊。

校閱講演紀錄一件，係委員長去年離蜀時對高級將領之訓話，又審定峨眉訓練集目錄及附件。十一時六弟來訪，託帶去默夾衣一件。午後擬修改國歌稿，神疲不能著手，擬小睡又不能合眼。五時偕學素出外散步，歸後談話一小時許。夜接委員長上海來電，囑招待各省主席。十一時寢。

5月9日 星期六 晴

七時卅分起。昨晚仍未暢睡，以接電招待各省主席，故不能多睡。

晨起整理國歌稿，草草完篇，至十時餘始畢。往五條巷訪劉雪亞主席未晤，其他鄂、贛、浙主席均未到。繼往中央飯店訪青甫先生及紹棣、心南。午後委員長回京，往陵園謁見，呈國歌稿，並與詠霓、廷黻談，返室一轉，處理文電數件畢，回寓。夜明鎬來談，九時接電話，再去陵園，適季陶、果夫均在彼，談至十時一刻歸。十一時寢。

5月10日 星期日 晴、午後陰

七時二十分起。昨晚酣睡七小時，精神漸復，十時至勵志社出席行政院召集之高級行政人員會議，到五省主席、十省民教廳長及專員，蔣院長訓話一小時，翁秘書長報告，遂散會。至紹棣處小坐，十二時公宴。餐畢，到季陶先生家送行，旋返寓處理文件二件。皓兒來談。二時半出席教育組分組會議。四時半先退，開先、公展約往寄宿舍談話，七時赴陵園一轉遂歸寓。核閱今日講稿，夜子羽來談甚久，十一時寢。

5月11日 星期一 晴

七時起。昨晚仍未熟睡。

九時往勵志社開小組審查會，討論民眾教育案，十時許畢事。公展、佛海約往開先室內談話，十一時到陵園

陪見賓客。今日接見到會之民政廳長，蘇、浙、贛、閩、皖、豫、魯、陝、鄂、湘共十人，又河北省府委員呂咸談約一小時。次接見教育廳局長，蘇、浙、贛、閩、豫、皖、魯、鄂、湘、寧夏及京、滬兩市，委員長垂問甚詳，直至一時卅分始畢。即與公展等同車至大西洋午餐，座中有開先、公達等，蘭友作主人。二時卅分送公展伉儷回寓後即歸家小憩。至四時再往陵園，陪見各專員。六時回軍委會，致唐總監函，請約集各教廳長談話。七時回家晚餐。夜林玉聲、沈衡山兩君先後來談。九時卅分接委員長電約往談，規定以後每日五時往陵園辦公，略談即歸。處理文件三、四件，十二時寢。

5月12日　星期二　雨

七時卅分起。

核辦文電三、四件，以國歌草稿寄大哥，請其改撰一首，蔣先生所命也。

九時往勵志社參加行政會議大會，討論民政組織議案。對於督察專員制度、縣局改科、分區社署利弊及積穀、土地等均有大體討論，唯未作成決議，對政府案略有補充而已。十二時十分畢，回寓午餐。小睡後再往出席第二次大會，討論教育組議案，對義教、職教、民教均有若干決議案，下年度決于每一中校或民館內設置播音機一架，五時散會。到軍委會補辦各件。六時去陵園陪見各專員。七時卅分回寓晚餐。八時五十分酌擬明日講話要點，

攜赴陵園請示，經面述補充二十六點。十時五十分回寓，
接六弟長途電話知胡展堂先生於今晚七時卅分在廣州逝
世，與新聞社接洽久之，至一時始睡。

5 月 13 日　星期三　晴

　　七時卅分起。昨晚僅睡四小時，頭昏異常。

　　為委員長擬唁慰胡氏家屬電，八時往陵園親呈核發。
本日中央執行委員會開臨時常會，為胡致哀，並決議停止
娛樂三天，中央政治委員會今日遂停止開會。

　　草擬行政會議閉幕詞，除昨晚交下之二十五項外，
今日又連下手示四件，陸續加入之意見甚多，整理異常困
難，以下午開會需用，隨擬隨抄，至為忙迫，自九時卅分
開始，並午飯亦草草食之，直至午後四時始勉強完畢回
寓。頭如針刺，疲憊不堪。六時許去陵園一轉即歸。接允
默來函，言近體較健。

　　公展等數次來電話均未及接談。晚餐亦不思食，上
床又不能入睡，曾約二客，只得由學素代見。洗澡服藥九
時就睡。

5 月 14 日　星期四　陰

　　七時起。連日頭腦昏沉，神思疲頓，昨晚睡眠中多
惡夢，甚感不舒。

　　八時卅分委員長電召赴陵園，適楚傖亦來彼，同時
進見。楚傖報告到滬經過及滬上中委各情形，並商派員赴

粵為胡先生治喪事。楚傖退後，委員長再補授閉會訓詞之
要點，旋即至果夫處一轉，略談即返軍委會，核辦文電數
件，接見葛武棨秘書，商地政機關之組織事。又委員長欲
介紹各省廳長、專員入黨，以電話通知中組部，並函知翁
秘書長派徐慶譽主辦其事。十一時又接手令一件，內命辦
理五事，均余所不能勝任者，欲辭則又不可，奈何。午飯
後小睡四十分鐘，二時去軍委會，將昨擬訓詞稿再行修改
補充，至四時半方畢，吃力異常。枕琴先生及李厚徵君來
訪，五時卅分去陵園，則委員長與夫人往湯山矣。將訓詞
稿留呈，七時回寓，晚餐後實之弟來談。服安眠藥一片
半，十時五十分寢。

5月15日　星期五　陰、下午晴

　　七時卅分起。昨晚未睡熟，且有微熱，今晨頭痛異常。
　　函呈委員長請病假一天，即囑學素兄送陵園汪秘書
轉呈。
　　在寓中清理連日未辦各件，並審閱講演稿四件，實
際上仍未休息。但既請假，即可不虞隨時以電話相召，或
交辦事務耳。余之最大缺點即一心不能兩用，從前在浙教
廳時，遇有文字工作，則必將廳務擱置，或交託秘書辦
理，不以關白，乃能定心專一，進行順利。如一面草擬文
字或計劃，而同時又須辦理雜務，甚至電話連續而來，請
示者踵接而至，則腦筋即不堪負擔，而大感煩悶與紛亂
矣，如此痼疾，處此環境，任如此之工作，安得不因勞而

病乎。

中午四時學素約出外游散，至城南烏衣巷，轉往白鷺洲公園散步，閒眺久之，頓覺胸次廓然，至六時卅分始歸寓。夜與學素閒談未作事。九時卅分洗澡，十時卅分入睡。

5月16日　星期六　晴、頗熱

七時卅分起。今日頗思多睡一小時，但七時許即不能入睡，遂起。仍覺頭痛。

八時，皖主席劉雪亞先生來訪，談皖省築路及統制祁門紅茶事託轉呈摺呈二件。九時張劍鋒君來訪，堅欲隨余工作，告以侍從室情形，彼終不信，答以漸漸設法始別去。此君為詠安先生舊部，文字尚佳，人亦純謹，惜余無法位置之耳。方之來訪。十時往勵志社出席行政人員會議大會，孔先生主席，委員長致開會詞，列舉國際情勢，國內大局及地方行政今後注意要點，歷二小時始畢。散會已十二時卅分矣。

午後辦理文件三件，並將午前訓話各點再就原稿而加以補充，苦心補綴，終覺重複凌亂，不成系統。六時往陵園，則委員長已出遊，遂往湯山面呈核定。七時卅分趨車回寓，即將訓詞稿送中央社發表。晚餐已八時許矣。夜超英來談。十時就寢。

5月17日　星期日　晴

七時三十分起。

昨睡仍不安恬，幸今日天氣好，精神尚佳。述庭來，未接談。

八時三十分應電召赴陵園官邸，委員長交下編撰工作二件，又擬將關於大學、中庸之講演編為科學的學庸，作為軍事哲學叢書之一，並詢訓練及教育計劃各事。余面述對於改革教育之意見。九時三十分孫表卿先生來見，代為招待。十時三十分歸寓，核辦積件數件，囑皓兒以車往接細兒來寓，以杭州師範四年生近日來京參觀也。午後攜兩兒往郊外游陵墓及靈谷寺、明孝陵等處，初夏和風拂人，精神為之一爽。二時四十分歸，三時到楚傖家商廬山訓練案等，並談中央派員赴粵祭胡事。歸寓核閱講稿一篇，往陵園及軍委會一轉歸。詠霓秘書長來訪，夜應方之約晚餐于其家。同座孫、周、毛、汪諸同鄉。臨時接委員長電話，囑預備明日講稿，九時到新樂也理髮，十時歸，搜羅材料，草擬講演稿，至二時許寢。

5月18日　星期一　陰、午後大雨

六時三十分起。昨夜三時始入睡，且屢醒，晨起頭暈異常。

七時三十分往陵園，見委員長，言今日改請林主席報告，囑即往中央黨部與葉秘書長接洽，乃攜昨所擬講稿往商。九時舉行紀念週，並紀念英士先生殉國，並為胡先

生默念誌哀。由林主席作簡單報告，淚隨聲下，全場哀肅異常。十時舉行臨時常會、列席旁聽，決定派居、葉、孫、傅、李諸先生南下，中政會以朱秘書長代表致祭，十時四十分散會。到中央政治委員會核發電稿一件，並奉諭發南下代表川資四千元，與君武秘書略談，攜明日議程歸。疲不能支，遂登床而臥。二時起午餐。委員長擬輯關於學庸之講演編發軍人，為複閱一過。五時往陵園請示本週中政會議事日程，六時到軍委會，發致季陶一電送行，與慕尹談話約半小時，將邊區特種政制案送還第二組，擬送辦公廳酌辦。七時到陵園晚餐，有湯恩伯、郭懺（恢悟）、袁良、魏道明等。九時三十分回寓，十時寢。

5月19日　星期二　晴

六時四十分起。昨晚睡眠至酣，為近日來所未有。

八時赴陵園，為國民大會選舉籌備委員會事有所陳述，道藩次長所囑也。委員長適將赴行政院，略談即出。九時至中央政治委員會秘書處，決定明日開會之議程。十時歸寓，校閱自反錄一卷。十一時赴軍委會，核辦文電五件。十二時三十分歸，一時午餐，午後小睡不成寐。適有工匠搭建棚架，又為電話所擾，遂起。覆允默函，又覆友人函四件。五時再往陵園，以前週曾指示每日五時必往辦公也。連去三日，均以委員長另有事故，致連席辦公半小時之約遂未實踐，與汪秘書談四十分鐘，六時歸寓。

中央社社長蕭同茲君來談該社派記者駐日之計劃及

某項準備工作，殊佩其精密。

夜劉雪亞主席來訪，談皖省黨政情形。今夜心不能寧靜，閱宋人法書以自遣，十一時三十分寢。

5月20日　星期三　晴

七時起。昨晚睡眠又不佳，以未服藥也。

七時三十分到陵園一轉，回寓閱例行文件四、五件。八時三十分至中政會秘書處。九時參加中政會第十四次會議，朱秘書長請假，余代行職務。決議案之重要者有修正滬杭甬完成借款合同及偷漏關稅處罰條例等，均先准施行，再交立法院審議以完程序。並討論二十五年度概算案，指定各院長及關係機關先行會商。十二時散會，在會場與鼎丞、溥泉先生等談中政校及華北各事。午餐時公弢來訪，邀同餐，談公展等近況。二時小睡，僅二十分鐘即起。大哥函寄國歌稿，即以所見覆之，請再酌改。三時思圻哥自上海來訪，四時滄波來談約一小時而去。六時三十分偕圻兄出外散步，七時三十分回寓晚餐。八時四十分往中央飯店訪郭參謀長恢吾，談訓練事。十時歸，閱中政會公文並核辦侍從室各件，十一時三十分寢。

5月21日　星期四　陰、鬱悶

六時二十分起。昨晚睡尚酣，但時間太少，蓋五時三十分即醒矣。

核閱「建國之行政」講稿，係乃華所記，首尾萬言，

約一小時閱畢。八時卅分接陵園電話，即往見，報告關於廬山訓練各事，並請添用撰擬秘書一人。九時卅分到陵園新村卅七號訪熊天翼，商談廬山訓練事宜，決定明日上午九時在勵志社約各關係人員會商。十一時到軍委會核辦例行件六、七件，並預備明日開會事。十二時卅分歸寓午餐，閱中政會發文十二件。二時以內政部召集會商關於選舉籌備之會議，匆匆前往，既至，乃知改期明日開，遂歸。

四時去中政會出席二十五年概算審查會，以軍政臨時費不敷，討論甚久，結果仍維持原案。軍費不敷數呈中政會決定，直至八時卅分散。晚餐已九時矣。子羽來訪，談一小時。旋公展來訪，十一時卅分寢。

5 月 22 日　星期五　晴

七時起。昨晚服安眠藥後睡殊酣。

八時到軍委會核辦文電五、六件，九時到勵志社開談話會，到教部、內部、訓練總監部、中央黨部、童軍總會等代表十餘人，討論廬山暑期訓練事，決定關於地點、日期及受訓人員數額分配等各項，至十二時始散。與周副監、熊主席略談後即赴陵園報告談話結果。委員長即派定熊為籌備主任，佛海、君山副之，周普文任教務，陳初如任總務。一時回軍委會午餐，發函數緘，二時卅分赴內政部，出席國民大會代表選舉事務籌委會，到中央組織、訓練兩部長，魏文官長及蔣政務處長。通過選舉總事務所組

織規程等件，並議起草選舉法施行細則等，四時卅分散。
訪道藩於其辦公室，談甚久。六時卅分返軍委一轉，七時
歸寓晚餐。為委員長擬輓聯。九時赴陵園，十時歸寓。洗
澡後，十一時寢。

5月23日　星期六　晴

六時卅分起。昨睡太遲，又感睡眠時間不足。

八時卅分處理中政會文件及核閱前日談話會紀錄，完
畢。即出門往訪楊暢卿，託德哥事，適尚高臥未醒，即與
學素同至軍委會辦公。聞侍從室一組、四組組長有更動，
乃不送余處會呈，可見辦事手續之不周到也。送胡輓聯決
定不用，擬「精誠不泯」四字，用橫額懸掛。十一時往陵
園新村訪熊天翼先生，商暑期訓練籌備事，並談教育及思
想問題。十二時暢卿來，午餐後返侍從室，改定委員長祭
胡文。蔡勁軍局長等先後來訪，遂未及午睡。四時卅分傅
真吾、劉航琛、關吉玉等來商川省財政事，暢卿亦來，同
謁委員長，談至六時三十分始散。即請委員長派定暑假訓
練籌委四十三人，交本室辦函發出。七時歸寓，皋兒自航
來京，與皓同來，談家事及校事，甚喜其見解有進步。

夜覆德哥一函，又致暢卿一函，九時滄波來訪，十一
時三十分洗澡，十二時寢。

5月24日　星期四　陰雨、甚寒

七時三十分起。昨晚十二時許始入睡，今晨五時三

刻即醒，勉睡一小時許補足之。

　　報上有論因循為煩累之原者，深中余病。前人所未「事到手且莫急，便要緩緩想，想得時切莫緩，便要急急行」。以及陶詩所謂「身糜餘暇心有長閑」，皆足為余之座右銘也。

　　皋兒匆匆略談即去旅館。八時五十分步青來訪，攜來顧森千君所撰蔣先生傳囑余審查，余勸其卻回，不必在正中出版。九時三十分留日學生監督陳次溥君來訪，陳為瑞安人，東高師畢業，備述其在東工作之緊張，談約一小時餘去。料理私函數件。汪秘書長來訪，商救濟預算事，十二時十五分去。一時午餐，餐畢小睡一小時餘，極感疲勞，蓋天氣陰沉潮濕之故也。

　　覆私函四、五件，接泉兒來函，商下年度研究計劃，即覆之。四時張劍鋒君來訪，談一小時去。五時何聯奎君攜訓練團文件，自武昌來訪。六時赴陵園新村與天翼、佛海、初如、君山、普文等商訓練團籌備事。十時往中央飯店訪章行嚴。十一時歸即寢。

5 月 25 日　星期一　陰雨、甚寒

　　六時即醒，勉睡至六時五十分起。昨晚雖服藥，而睡不酣，且多勞，所夢皆日間事。

　　八時去陵園，面陳救濟預算辦法，並請示關於盧山暑訓團籌備諸事。九時十分到勵志社參加籌備員談話會，報告委員長決定之各點。十時三十分先退，至侍從室辦發文電數

件。慶祥、武棨諸君先後來談，聞委員長已決定以莫我若
任一組組長，汪日章升充四組組長，蓋錢主任初意欲調毛
任一組，而以四組畀汪，曾就余商，余答以商量再說，不
料彼乃單獨呈請，及既奉准，而毛不就，乃以莫代之，此
事殊複雜，幾引起內部風波，余亦無術以調停之也。

午後二時參加胡展堂先生追悼會，到者約八百人，
四時會畢。返侍從室核閱講稿兩篇，忽覺體中發冷，竭力
撐持，亦不及返寓休息，然憊疲極矣。往見委員長，以毛
慶祥調侍從室秘書。退與慶祥談，極意安慰之。七時歸
寓，思小睡不果。在八時三十分與財部徐次長同謁委員
長，商預算事，十時始歸。十一時寢。

5月26日　星期二　晴

七時十五分起。昨晚未服藥，睡不寧。

七時三十分往勵志社與林主席談季陶來電事，八時
參加公祭胡先生之典禮，蔣先生主祭，到執、監委員約
六十人，狄秘書讀祭文。祭畢返軍委會一轉。九時三十分
到勵志社參加廬山暑訓團籌備委員會第一次全體會議，決
議規程四種，又訓練綱要召集會等。會中推余將各件要點
攜歸請示。十二時歸寓午餐。餐畢發私函數緘，登床脫衣
而睡。二時十分起，仍返軍委會，奉交審擬四川省預算之
件，案極複雜，不易得其端緒。四時往中央飯店訪財政特
派員關吉玉（佩恒）君，適熊仲韜君亦在彼，乃逐款詢明
其實況，覺收支平衡殊不易，攜歸軍委會整理之，附簽說

明呈閱。午後國民大會選舉籌備會二次會遂不及出席。七時去陵園作陪客。八時晚餐，同席者有沈成章市長及章行嚴、鄭天錫、陳公博、俞大維等十餘人。餐畢，沈成章君獨留報告魯事，及華北情況。沈君去後，余報告審擬預算意見。十一時三十分歸。

5 月 27 日　星期三　晴

六時三十分起。昨晚約睡六小時，雖服藥一片半，仍無大效。

八時到挹江別墅訪川建廳長盧作孚，談四川財政情形，適徐可亭次長來共同商談，約一小時而畢。

九時到軍委會校閱各抄件，並對財部代電簽註意見送呈，又核閱到文五、六件。十一時接到核定之暑訓團訓練綱要，錄底後親送勵志社籌委會辦公處，交職員張超收。十二時三十分回寓午餐，接黎叔來書，備悉杭州親友近狀及浙省教育情形並告辦事之困難，及近來之心境，即覆一函慰藉之。覆吟兄函，附入覆允默函內寄去。小睡一小時，覺精神稍復。三時往佛兄家談廬山暑訓及日來時局與國民大會選舉等件，並及青年運動之利弊，佛兄見解，悉與我同，故余常樂與之討論也。四時到軍委會，今日明令發表以汪日章升四組長，毛慶祥調侍從室秘書直屬二處。五時三十分去陵園報告預算案情形。六時三十分出至中央飯店訪秋陽，七時三十分赴徐可亭宴，到川代表傅、盧、劉、邱、關及鄒玉琳、龐松舟。餐畢，商預算事，傅

參謀長極堅持，直至十一時始畢，即歸就寢。

5 月 28 日　星期四　晴

六時十五分起。昨晚睡極不佳，屢屢驚醒，僅睡五小時而已。

核辦文件三件，又改正講稿一件，改正六三紀念訓詞一件。九時去軍委會，閱到文五件，並覆校川財政及預算件兼附簽意見。十一時三十分到五組舉行定期談話會，核呈徐秘書報告一件，發還徐、何各一件，十時十五分談話會完畢。謝耿民秘書來訪，言已受行政院正式委任，擬辭侍從室職務。十一時去陵園見委員長，報告昨晚所商四川預算結果，委員長決定軍費不得超過四千一百萬元。以行營續增經費（劉文輝部除外）及督署所領軍務擬開費各八折減發。

一時回寓午餐，小睡一小時。天漸熱，三時去中央政校訪左舜生君，並與挹峯談。四時到挹江旅社訪盧作孚未晤。五時到中央飯店訪關吉玉、傅真吾談預算事，順至志游師處小坐。六時到軍委會核辦文件三件。七時三十分歸寓晚餐，秋陽來談，九時去。洗澡服藥就寢。

5 月 29 日　星期五　晴

六時五十分起。昨晚睡較佳。

修改廣播講演稿一篇，題為新生活運動與婦女，蔣夫人所囑也。八時三十分去陵園，報告昨日與川代表談話經

過，奉諭今晚約彼等晚餐，並約北大、川大兩校長。九時
五十分到會辦公，核辦到文六件，又核改訓詞兩篇，為步
兵學校校官講習班及射擊班第三期同學錄刊作序言之用，
十二時三十分歸寓。

午後小睡五十分鐘，覆私人函札五件。三時四十分
吟苡哥自上海來，就交部之聘，任參事職務，余力請其到
頤和路同寓，吟兄堅不允來，就東亞飯店暫住。五時送彼
往旅館後，到軍會核辦到文六件，又上簽呈二件，為請任
用張齡及俞國華事。七時三十分到陵園晚餐，到蔣夢麟、
傅真吾、盧作孚等十二人。九十師師長歐雨辰同席。八時
三十分餐畢略談，九時三十分歸寓。十時三十分寢。

5 月 30 日　星期六　晴

七時起。昨晚睡中多夢，足證雖服藥睡亦未酣，起
來覺頭痛。

為委員長擬關於闡明科學精神重要之文字，自八時
至十時，僅成三百字，未能終篇。頭痛殊甚，思小寐，甫
就枕，學素來電話，言有要件將攜歸請示，比其歸來，則
欲擬一覆韓主席函，下午三時須交沈成章市長帶去也。韓
之來函包含四端：（一）注重鄉村建設以培國力；（二）
對外應暫時緩和；（三）團結內部誠意與西南提攜；（四）
緩行憲法。即擬一覆函，交學素送中央飯店呈沈市長帶
去。一時十五分午餐。

午餐後覺頭痛未已，體中似有微熱，臥床小憩，乃不

能成寐，屢起屢睡，徬徨之至。口中乾枯無味，購水果食之亦不效，六時遂強起，坐露台上久之。七時晚餐，餐畢讀伯鷹所惠涵貞樓詩，其友人曾履川所著也，才氣不凡。八時方之、秋陽來談，九時三十分洗澡，學素來談，十時三十分寢。

5月31日　星期日　晴

七時二十分起。昨晚睡極佳，但今晨覺心跳，不知何故。

學素攜來昨日未辦之積件七件，為一一處理之。又核改講稿一篇，為軍事教官應有之修養，蓋一月間之舊講稿也。首尾約九千言，直至十時十五分完畢。述庭兄來訪，談高等教育及中等教育之改善問題，約半小時去。滄波來談滬上對于綢業銀行之評論。午餐後滄波去，皋兒來寓，著草色士兵服裝，打裹腿儼然一新兵也。談對中生活甚詳，余視其面色，較前週為瘦，初受訓練，自不免辛苦耳。疲甚思午睡，不能入睡，再起，覺頭痛鬱悶，手腿亦酸痛。約吟苡兄來寓閒談，五時後同至五洲公園小坐。七時歸，秋陽來訪，余覺疲極不能支。委員長招往談話，以病辭。擬電稿二則後，九時即就寢。

6月1日　星期一　晴

晨七時十五分起。

因連日勞疲，自昨日起覺骨痛微熱，昨晚睡眠甚酣，以為今日可癒矣，起坐之後，乃覺頭痛欲裂，不得已函呈委座請病假一天。

十一時請方之來寓診視，斷為服安眠藥後蓄積作用之反應，為余試熱，則為三十六度八，然余自身則感覺頭腦及手掌均有微熱也。方之囑靜養安眠，今晚勿服藥，當自癒云云。午學素歸，攜來公私函四件，草草處理之。

中餐、晚餐均覺無味，登榻假寐，又不成眠，繞室徬徨，苦悶之至。晚餐後實之弟來訪，談赴粵情形，與之對話約四十分鐘，已感不支矣。學素又攜來公牘七、八件，強為處理，至十時方畢。洗澡就寢，直至三時許始朦朧入睡。

6月2日　星期二　陰、巳刻大雨

七時起。昨晚睡眠至不佳，幾於竟夜未入睡，以心中常懷各事，且未服藥也。

致錢主任函，託學素帶去，再請病假一天，並說明本日會報不能出席，由學素代表（後知會報未開），又處理公文三件。

八時學素去軍會，余疲極，擬再睡，但骨痛、頭痛不可止，一就枕即雜念紛起，屢睡終不成。十一時接學素電話，謂粵省來電，即指示處理方法，遂起。

今日天氣仍惡劣，雨終日不止，潮濕晦暗，兼在病中，更覺異常不適，蓋三日來寢興不時，飲食無味，精神乃大苦矣。午後強起，摘擬四川省二十五年度整理財政綱要，約一小時許完畢。作私函數緘，秋陽來談。

夜驪先過訪，談粵行經過及中政會事。九時客去即洗澡服藥就睡。

6月3日　星期三　晴

六時三十分起。昨晚睡八小時以上，今日精神恢復，頭痛亦減。

七時半方之來訪，為忻去邪君事，再致一電與黃秘書長介紹。

八時到陵園見委員長，報告銷假。九時赴中央黨部參加中政會，今日到會人數極多，通過二十五年度概算案。計歲出入各為九億九千〇六十五萬八千四百五十元，並通過公務人員飛機捐條例等。十二時散會，與楚傖、果夫諸君略談而歸。一時午餐。

午後二時往訪盧作孚君，遇之於徒，邀來余寓談話，告以川省建設公債四千五百萬一案，委員長主張再考慮，作孚以種種生產交通建設均待此款充用，甚為焦急，談三十分鐘去。三時去軍委會核辦來去文各六、七件。劉經扶君來訪。五時三十分應熊天翼君之約，往彼寓商暑期訓練團訓練目標。佛海來共商至七時回寓。晚餐後中央社馮有真君來訪，攜來外報消息甚多，十時洗澡就寢。

6月4日　星期四　陰

八時起。昨晚未服藥睡不佳。

九時去軍委會，學素二日往徐州省親，今日已回會銷假。核辦來去文各三、四件，接徐可亭次長電話，知建設公債案，孔無異議。十時後晶齋、貢華先後來談，摘呈外報對粵、桂消息數則，十二回寓午餐。

午後小睡一時三十分起，接大哥來函，寄來國歌稿一種，較前所寄來者更簡短，唯字面仍不甚通俗耳。以長途電話詢允默病狀，知安好，甚慰。

三時去軍委會，核辦文件三件，校閱待印之講演稿等，至五時未畢。化之、華國來談。五時三十分往常府街訪立夫，闊別半年矣，談一小時歸。覺彼研究古籍殊有得也。夜友莘來談甚久，念其生活困苦，分俸給資贈之。十時三十分客去。十一時寢。

6月5日　星期五　陰

六時三十分起。昨服藥一片睡尚酣。

覆校科學的學庸講稿彙輯完畢。張劍鋒今日到職。

八時到軍委會辦公，將大哥寄來國歌稿抄呈。今日西南消息，愈傳愈惡。十時去陵園，委員長適在見客，遂未進見，在汪秘書室小坐而去，往中央飯店訪陳博生、李幼椿，均未晤。到會一轉，十二時卅分歸寓午餐。

午後小睡，適遠帆來訪，談約一小時而去。秋陽來辭別，即晚歸滬。二時四十分去軍委會辦公，對張劍鋒之

辦事手續詳加指示。五時去教育部訪雪艇部長，談失業青
年救濟事及其他。仍返會一轉，約學素同歸。接竺校長
電，詢學聯事，即覆之。

夜八時三十分往見委員長，有所報告，並請示，十
時歸寓，辦電稿一件。十一時三十分寢。

6月6日　星期六　陰

七時五十分起。昨晚睡尚佳，以就寢太遲，故起床
亦較晚。

八時核閱講稿一篇畢，囑學素先去軍委會，並致慕
尹主任一函。九時至中央黨部訪楚傖，旋即赴內政部參加
國民大會選舉事務籌委會討論選舉法施行細則，以本法不
甚完備，草率通過，故施行細則之訂定甚屬難題重重，不
易解決。十一時三十分接陵園電話，乃先行退席，往見委
員長，適益之、敬之、天翼三君在彼，討論時局，委員長
交下陳伯南來電，命擬覆電。遂至軍委會一轉，核辦來去
文各四、五件，十二時五十分歸寓午餐。

午後擬就覆電稿，四時繕正往陵園親呈核定。楚傖亦
來會談，六時三十分退去，至軍委會核閱來電及情報等。
七時偕學素同歸。晚飯後接委員長電話，以二時來電及覆
電抄送黃季寬主席。九時佛海來談，十時三十分去。即洗
澡服藥一片，十一時寢。

6月7日　星期日　陰、涼爽、下午雨

七時三十分起。昨晚有五小時以上之深睡眠，凌晨醒而復寐，蓋天氣轉涼之效也。

八時接陵園電話，即往見委員長，蔚文、天翼已先在，慕尹亦在彼辦公矣。晤辭修、季寬、敬之、競武諸人，委員長命擬談話稿以闡明中央對時局之態度，十時回軍委會草擬，十一時完畢，交學素繕正。余利用餘時核正國防注意要項之講稿一篇，並核辦文電數件，十一時三十分赴陵園，以擬就之稿呈閱，十二時歸寓。

午後小憩，覆大哥一函，又覆貞柯一函。二時到軍委會，以「科學的學庸」各稿共六篇交蕭速記付印。四時赴陵園，命擬覆龍子舟電，又指示覆陳電，應改易一句，即返會照改拍發。五時再往陵園，委員長方與立夫談，繼即告余，擬由常會召集二次全體會議。遂返軍委會，核閱來去電數件後偕學素同歸寓。晚餐時公弢來談，邀同飯。九時去，十一時就寢。

6月8日　星期一　陰

八時十五分起。昨晚服藥一片，熟睡五小時，三時三十分醒，六時再睡去，故晚起。

九時赴中央黨部參加紀念週，首由居先生報告赴粵祭胡之經過，繼由蔣先生報告對於時局的意見，措詞極嚴正而委婉，歷卅分鐘始畢。退至常務委員室，由孫、居、李、朱各委員報告在粵所聞所見之情況，並傳觀兩粵發來

冬電、支電，決定在最近期內召集第二次全體會議。十一
時余先告退，返軍委會核辦來去文電八、九件，一時回寓
午餐。

午後小睡三十分鐘，二時三十分赴軍委會整理上午
講演稿，措詞輕重至費斟酌，隨改隨抄，至六時畢事，即
攜往陵園面呈核定，仍返軍委會校繕，交馮有真君發表。
八時委員長約中央常委各院長及朱、何、程、唐軍事長
官，李協和、君佩、秉常、驤先諸君晚餐，討論對冬、支
各電如何答覆，聞桂軍已抵零陵，將趨衡州，時局恐無法
緩和矣。十時二十分回寓，十一時三十分寢。

6月9日　星期二　晴

七時三十分起。昨未服藥，睡不甚佳。程起陸君來
訪於軍委會。

八時赴中央黨部，與楚傖先生商酌中央覆西南冬電，
稍談即出。至外交部官舍訪張岳軍部長，適公權亦在彼，
談約三十分鐘，岳軍赴行政院，余即至軍委會核辦來去文
電六、七件。十一時到陵園見委員長，楚傖、立夫來會談
時局，十二時三十分辭出，歸寓午餐。順道至中央飯店訪
廖茂如、朱經農均未晤，訪吟兄亦未歸。

午後小睡三十分，三時到楚傖寓，以覆粵陳電稿送
通訊社發表，並與希孔、同茲談時事。四時到軍委會，煥
章、協和兩先生交來三電，送機要室代為譯發。

五時去陵園，陪同湘府易秘書長欽勛、朱廳長經農

及劉廳長廷芳談話，七時返軍委會，偕學素同歸，述庭來
未接談。夜廖茂如來訪，謙夫先生昆季來訪，暢談久之。

　　十時三十分寢。

6 月 10 日　星期三　晴

　　七時十五分起。昨服藥一片，睡尚佳，但屢醒。

　　八時去陵園晤胡宗南師長及林蔚文，時委員長尚未
早餐也。以馮、李等電稿呈閱。

　　九時偕委員長同去中央黨部，車中口授覆陳電之要
點。九時十分開常會，決定七月十日開全體會議。九時
四十分散會，與佛海等談三十分鐘，即返軍委會核辦文電
六件，並分配工作，囑張秘書擬覆章太炎函稿，十一時起
草致陳伯南第二電，十二時三十分脫稿，即歸寓午餐。午
後小憩，三時再去軍委會，委員長以電稿有修改處，命重
擬再核，六時擬就往陵園面呈核定，並口頭報告數事，仍
返軍委會，囑學素等繕正拍發，並複寫數份，即晚交新聞
社發表之。八時十分始歸寓晚餐。今日得允默兩函，知已
去杭矣。八時三十分君佩來訪，九時子羽來訪，長談至十
時三十分始去。

　　十一時三十分寢。

6月11日　星期四　晴

六時五十分起。昨服藥一片，睡甚佳。致四弟一函下午發。

七時五十分去軍委會辦文電五、六件，方之兄來會，訝余來何早耶，可知余平日之遲到。

八時三十分到陵園見委員長，以昨晚馮電稿呈核，報告鐵城來電。九時三十分仍返會辦公，核改軍訓團講稿一篇。十時四十分召集五組各秘書舉行定期談話會，十一時三十分散。十二時歸寓午餐，接黎叔來函，即覆之。又接大哥函，討論國歌事。

二時三十分出門，至首都飯店訪張漢卿，值外出未晤，遂至軍委會，核改張劍鋒所擬函稿三件，筆墨雖亦簡澤，究竟尚未穩妥也。今日西南消息仍沉寂，馮煥章及何、唐、程、朱、張諸人有一電致白健生、陳伯南等，勸勒兵待命。余為修改數語，呈核後即發出。

六時回寓，與學素出外散步一小時。夜與學素閒談閱報未作事。

十時三十分洗澡就寢。

6月12日　星期五　晴、熱

七時二十分起。昨未服藥睡尚佳。

八時去軍委會辦公，接孫淑資自粵來電，言將到京一行，刪日可到。

十一時往陵園見委員長，報告所接電文及陳伯南覆

電，旋即由陵園到中央飯店訪友未遇。十二時十五分再往陵園，本日委員長約沈衡山、章乃器、李公樸談話，並午餐，並約立夫作陪。午餐後三君報告各界救國聯合會之旨趣及經過，其觀點仍以各黨聯合一致為口號，而不悟即可受盡共黨利用，委員長苦口曉譬之，直至三時談話畢。即回寓小睡一時餘。今日天熱，大感勞倦。四時三十分至軍委會核辦文電六件，五時三十分到楚傖家會談。七時赴中政會，專門委員會秘書八人之宴會，到秘書科長等三十餘人，濟濟一堂，談笑甚歡，余亦勉盡三杯，至九時餘始散。

　　十時三十分寢。

6月13日　星期六　晴、熱　八十二度

　　六時十分起。昨睡不甚佳，雖服藥而睡不酣。

　　七時到下關車站，代表委員長歡迎王亮疇、晤洽卿、新之、曉籟、佐庭諸君，彼等代表滬商界來京，對時局有所陳述。曉籟與余同車進城，送至中央飯店後即赴軍委會一轉，八時至陵園，呈報告及文電數件。九時返軍委會辦公，鳴濤來談。十一時到中央飯店訪洽卿先生等，十二時回寓午餐。訪衡山，適外出未晤，午後小睡一小時，二時三十分赴軍委會，車中讀各界救國聯合會初步工作綱領，離奇乖謬處不勝枚舉。三時三十分赴陵園孫公館接哲生、亮疇到委員長處談話，並引學素及國華見委員長。六時返軍委會，七時訪佛海于其寓，八時到陵園晚餐，漢卿、式

堂、辭修及李世軍、熊哲民與滬來五人均同席，九時三十
分到中央飯店與衡山、乃器談，十一時到湖南路訪辭修，
與立夫及周至柔等談。

　　十二時就寢。

6月14日　星期日　晴、下午微雨、悶熱

　　六時四十分起。昨晚睡眠時間不足。

　　七時到陵園，因聞委員長出發江陰等處視察，恐有
接洽之件，故往視之。至則已動身矣，遂返軍委會核辦文
電四、五件，並簽覆日前交核之軍法司簽擬某案一件。十
時三十分返寓，吟兄來訪，旋伯鷹來訪，談半小時去。吟
兄午飯後去。以連日工作勞疲，今日天氣悶熱，甚覺不
舒，請楊濟民君來寓注射葆生水。古達程秘書同來訪談，
均勸予宜稍休息。中央社馮有真君以將出國特來話別，並
介紹丁繼昶君（山東人）來見。丁君任中央社採訪部事。
小睡至一時五十分起，皓、皋兩兒先後來寓，詢彼等在隊
在校生活，均言不覺苦，蓋漸已慣習矣。五時公弢來訪，
約共出遊，到玄武湖邊荷院茶社茗坐久之，時適雨後，空
氣澄清，至非洲沿隄散步久之而歸，晚餐已七時半矣。夜
實之表弟來談，發私函數緘。

　　十時三十分寢。

6月15日　星期一　晴、夜大雷雨

　　六時三十分起。

章太炎先生昨日病歿於蘇州，國學大師又弱一個，可為悼惜。

七時三十分到軍委會，閱來電數件。八時到陵園會報文電，委員長交下年譜稿兩本，囑為審閱。九時赴中央黨部參加紀念週，由孫哲生先生報告粵、桂近事，十時畢。以暢卿寄來譯件示哲生先生（大阪每日記孫之談話），彼謂當設法更正之。出中央黨部後仍回軍委會，天氣酷熱，甚覺疲倦。十一時往訪楚傖，談宣傳方針，擬與希孔晤談，以電話往詢不獲，乃歸寓。小憩半小時，一時赴陵園午餐，座中有亮疇、哲生、叔魯、孝恂、岳軍、詠霓及凌憲揚、王守競諸君，二時餐畢，談意大利外長向我提出關於撤消制裁案之希望。三時返軍委會處理文電四件，與希孔在電話內接談。四時往滄波家吃點心，五時往訪張季鸞，六時再到軍委會一轉，七時歸寓晚餐，夜往陵園與蔣夫人談發表談話事，九時歸。十時陳其尤君來訪，談約一小時去。

十一時三十分寢。

6 月 16 日　星期二　晴

六時三十分起。

昨晚就睡太遲多夢易醒。

七時卅分往軍委會核辦文電數件，以今日為中央軍校成立十二週紀念，故停止每日循例之會報，以委員長出席軍校訓話也。譯擬談話稿畢，即往中央飯店訪孫家哲（淑

資）君談卅分鐘。往陵園呈閱要件，並報告與孫談話要
點。十二時仍訪軍委會一轉即回寓午餐。請濟民注射康卜
龍針（此藥含肝質），小睡未成，甚疲倦。四時卅分往中
央黨部訪希孔，談近日宣傳要點。五時卅分到軍委會，續
辦文電數件，並改定俞劍華誄詞一件。六時到軍校官邸，
見委員長，談十五分鐘。六時卅分到陵園與蔣夫人商酌談
話稿。七時回寓晚餐。為葉木青撰短序一首。

晚飯後改擬談話稿一則。八時卅分往陵園核本日訓
話稿。孫家哲今晚見委員長報告粵方希望，委員長以大義
相責，詞甚嚴正。九時卅分歸，十時卅分寢。

6月17日　星期二　晴、熱甚

六時醒，六時卅分起。昨晚未服藥，十二時後始入
睡，晨醒又早，頗覺疲倦。接允默函，又泉兒亦來一函。

七時出門，擬赴軍委會，甫至門首，適孫家哲君來
訪，延入談話約四十分鐘。八時到軍委會，核辦文電四、
五件。八時廿分到陵園，以改擬談話稿送蔣夫人。九時出
席中央政治會議，對所得稅案討論甚詳，決定原則交立法
院審議。以余觀之，殊覺於中下級所得太嚴，而於高級所
得者又無法課以高額累進率，殊非立法之平也。十一時散
會，到軍委會一轉，知鐵城先生來京，住首都飯店往訪，
適在理髮，未及談，遂歸寓午餐。餐畢，委員長招往，以
覆二陳函授余，命賫孫家哲君。遂至中央飯店訪孫，諄諄
以挽回時局相託。然轉旋之道，仍在彼不在此也。久未理

髮，偷暇一芟薙，殊覺輕快。三時再訪鐵城，值午睡未
晤。四時仍去軍委會，五時到陵園，陪鐵城同見委員長，
並與夫人商定新聞稿，遂歸晚餐，已七時餘矣。夜枕公來
訪談良久而去。十時卅分寢。

6 月 18 日　星期四　晴

　　七時起。昨入睡較遲，故起床稍晚。

　　八時到軍委會一轉，八時十五分到陵園，委員長正值
在批公事，未下樓，稍坐即出。以文電交汪秘書呈閱。九
時到中央飯店訪孫淑資未晤。旋訪向育仁君於三一六號，
談川事及時局。十時返軍委會，核辦文電五、六件。十時
卅分到第五組，舉行定期談話。囑慶譽、彝鼎研究蘇俄憲
法，方理研究所得稅，彝鼎、傳珠研究對意撤消制裁，並
囑毓九留心李滋羅斯赴日後之日方輿論。十一時卅分畢，
即返寓午餐。

　　午後小睡一小時，三時赴軍委會，核改談話稿。五
時往軍校官邸，以西南執行部覆中央電（銳電）呈閱，並
報告近日輿論之趨向。六時歸寓，訪滄波未遇。七時宗武
來訪，晚餐後去。八時卅分應召赴陵園，即返軍委，發電
二、函一。九時歸。同茲、凌雲先後來談，十一時始離
去。十二時寢。

6 月 19 日　星期五　晴

　　晨六時醒，覺骨痛再睡至九時起。

今日以陸大畢業，故未舉行會報。

九時三十分到軍委會，核辦文電十餘件。十一時四十分去陵園一轉，十二時歸寓午餐。

連日西南局勢依然無變化，暗中備戰甚極。陳、李、白三人今日來一電，自辯出兵純係對外，絕無絲毫其他作用，且有誣詆中央之語，竟謂中央調平漢路軍隊南下，在粵、桂出兵湘省之先，顛倒至此，知其必將倒行逆施矣。

接憐兒來函，請求轉學女中，即覆一書，囑就四弟商之，並致四弟函。

午後二時赴軍委會辦公，蕭化之來談，出示李璜、左舜生上蔣先生書。五時到中央飯店訪李璜不遇，乃至向育仁君處坐談良久而歸。滄波來訪，晚飯後去。

夜納涼戶外，公弢來談甚久。此君見解日有進步，殊可喜。九時卅分寢。

6月20日　星期六　陰、下午雨

晨七時一刻始醒。昨晚服藥一片，睡眠最酣暢，蓋氣候轉涼故也。

八時到陵園與錢主任會談公務約半小時，返軍委會辦文電三、四件。九時卅分當中央飯店訪詠霓、雲五、藕舫、任之、伯奇、潤卿、公弢諸君，皆應約來京談話者。尚有郭景春（順）君，則聞名頗久，而尚為第一次見面。質樸坦率，不愧為一實業家。諸君問余以時局情形，具告之；談約一小時而別。順便訪李君幼椿，談對日問題、憲

草問題及西南問題。又約一小時返會一轉，即至陵園，則
上海來諸君均已應約而來矣。招待午餐畢，委員長對諸君
交換談話甚久。二時卅分歸寓午睡，直至三時四十五分
醒。今日睡眠充足，可補數日來之不足矣。四時去陵園，
偕羅秘書貢華及金書記省吾見委員長，本日為定例接見侍
從室之期也。事畢略談應準備之文字工作。五時返軍委會
一轉。訪吟苡兄談泉兒研究化學計劃，到中央飯店兩訪公
弼不遇，適公弢亦來訪公弼，遇於門首，相約當明孝陵散
步久之。談時局及日本記者在京活動情形。七時回寓晚
餐。夜閱雜誌論文五、六篇，十一時卅分寢。

6月21日　星期日　晴

　　六時即醒，再不能睡起。昨晚十二時半方入睡，且
多夢，蓋神經又不寧矣。

　　九時去軍委會，核辦文電六件，又辦發四川財政之
代電一件，為請財部飭國稅機關自七月一日起將鹽稅、統
稅、礦稅及煙酒印花稅按期解國省聯合金庫。以須查對舊
案，交學素暫存，明日再辦，並檢閱數日來報紙，搜集參
考材料。十時四十分歸寓。

　　滄波來談近日南北報紙之言論趨勢，深慨中央指導
之乏人，午餐後去。

　　讀外交評論最近期論文五、六篇。上委員長一函，
請准休息一天，以連日緊張，殊感疲倦，且宜靜息，俾稍
可用心也。午後小睡，未及卅分鐘而醒，覺微熱，頭痛，

甚不舒。

四時曉滄來訪，談浙大近狀及浙教育界各事，攜贈小男兒一冊，甫於三日前出版也。五時卅分皋、皓兩兒來寓晚餐後去。夜接公展電告，滬上又有學潮。夜有寒熱，九時五十分寢。

6月22日　星期一　晴

五時卅分醒，頭痛甚，再睡七時十分起。昨晚多夢睡不酣，雖服藥一片半仍無效。

請假一天，在寓休息未出門。覺生先生約晚餐亦未赴。

竟日昏昏，覺胸腹脹悶，口苦舌乾，且有微熱，坐臥不寧，殊以為苦。病象正與月之一、二日絲毫無異，大約係二星期來工作緊張絕無休息之故也。以蔣先生囑擬之件有時間性，午飯後強起屬稿，神思疲索，久久不能就。不得已置之，閱國聞週報等自遣。

四時覺疲甚，就榻假寐一小時。五時卅分起，病中念時局彌增憂憤。自十五年至今，北伐統一，會內百事均改舊觀，而獨有一種現象，絲毫未改，即時局波動之總原因，多由於若干政客思脫穎而出，不得志者想混水摸魚，已得志者想攀緣而上，營營擾擾脫不了富貴功名之低級慾望，自共產黨、改組派、社民黨、國社黨，以及形形色色之政客，乃至許多冒死不顧之青年，其實皆脫不了這麼一套，此真民族不可澌滅之恥辱也。十一時就寢。

6 月 23 日　星期二　晴

七時卅分起。昨夜未服藥，睡不佳。

今日微熱仍不退，頭腦漲眩，頭一著枕，或在枕上一轉移時，即有一、二分鐘之眩暈，且精神不佳，不能用心。以久睡無聊，起坐作覆家人書，詎寫兩、三行即不能繼續，且手指似有顫動，字跡亦不類平日所書，以此知今次之病較月初為深也。

十時卅分皋兒自軍訓總隊歸，謂今日端節，隊長特許給假一天，故歸寓省視，遂留其午餐後去。皋兒以余胃腸鬱滯，或為發熱原因之一，勸服洩藥，遂於二時許服阿加路一食匙，觀其變化如何。接細兒、憐兒各一函，細兒已到外家，下半年服務學校已確定；憐兒則決定轉學女中，聞余許其請求，甚高興，真孩子脾氣也。

夜函委員長請續假兩天，得覆許可。吟苡兄來問疾，談泉兒續學事。十一時寢。

6 月 24 日　星期三　晴、悶熱

七時卅分起。昨服安眠藥一片，暢睡五小時以上。

在寓核閱數日來辦發之文電十餘件，並搜集參考材料。

自辰至巳已瀉三次，覺胃腸之患稍癒，但頭暈神疲仍如昨日，又自覺微熱未退，延方之兄診視，試熱則為三十六度半，僅脈搏與尋常不同耳。方之以為宜靜養以調節疲勞，不必服藥，蓋病在神經，只勿使太疲勞可矣。

午後又瀉四次，腸部隱隱作痛，撫之愈甚，似近日

消化作用消失已盡也者，恐患腸疾，不勝焦慮。今日起決減食，且以麵食代米飯，並以電話速允默早來京。

午後皓兒來省疾，蓋聞之於皋也。余覺甚疲，僅略詢其校課何時結束而已。

晚餐僅食麵湯一小碗。立夫來訪，對余病深致慰藉，談一小時許去。夜熱甚，不得眠，二時後始睡去。

6月25日　星期四　傍晚雨、雨後仍悶

八時卅分起。昨夜未服藥，入睡更遲，僅睡五小時而已。

今日瀉仍不止，精神較昨日更疲，頭痛異常，胸腹脹滿，又以天氣鬱悶，臥床則流汗不已，起坐又覺眩暈，苦痛之至。自思此次之病，其發生殊突兀，且近日飲食並未過量，又未食生冷食品，不應有痢疾菌帶入腹中，而以三日來之便泄驗之，常有絲條狀之黏液，其為腸部發炎可無疑義。為使迅速痊癒，只得減食靜養，俟其自然痊癒，蓋腹痛並不甚劇，故不欲詣醫也。接四弟長函一緘。

枯臥無聊之至，閱外交評論一冊，又覺不宜過用腦，乃取宋人墨蹟數冊披覽，聊當消遣。四川記者陳斯孝到京過訪，竟不及接談，殊負其意。傍晚公弢來問疾，贈余普洱茶、香粳米等，良友慰藉之意可感也。夜核閱要電三件。十時寢。

6 月 26 日　星期五　晴

八時起。昨晚約十二時許入睡，今晨遲起，凡熟睡六小時。

氣候較涼，覺所患亦輕減，瀉已止，但胸腹仍飽悶不思飲食，又頭暈特甚。

為四川財政事發致顧墨三主任及關特派員各一電，詢建設公債如不發行，則川省收支不敷約八百萬，有無彌補方法，因新年度即將開始也。

蔣先生對時局有重要談話，主張貫澈和平統一之主張，希望各省當局擁護中央，鞏固統一，以紓國難。措詞嚴正而和婉，且富有含蓄。適滄波來談，余告滄波謂，此稿決其為行政院人員手筆，決非新聞記者如我輩者所能擬。因新聞記者每於不知不覺間逞其詞鋒，終覺太顯露，余亦未能免此也。二時允默挈兩小兒自滬來。

午後腹脹仍未止，亦不瀉，不知究係何病。以精神未復，函錢主任為轉陳再續假二天。夜十時卅分寢。

6 月 27 日　星期六　陰晴、稍涼

八時卅分起。昨晚未服藥，睡不易酣。

本欲今日勉強赴會辦公，但頭暈較昨愈甚，腹中如有積物而不能下，腸部無力，兩日來竭力減食，精神遂益見委頓矣。不得已繼續休息，各事囑學素辦之，並託慕尹先生代為照料處務。

午後滄波偕張季鸞、曹谷冰兩君來訪，季鸞對時局

異常關心，謂華北形勢至此，非絕對談綱紀統系之時。一般人對蔣先生昨日談話甚同情，但望貫澈到底，出以極度之忍耐。余詢以解決辦法，則亦謂無具體辦法，使粵、桂均能收場下篷也。

傍晚吟苡哥來訪，殷殷問余病，以為暫時便閉亦無妨礙，不必用瀉劑通便。其時予自覺有微熱，測之為卅七度三。夜與學素談時局，並看文電六、七件。十時卅分寢（熱甚）。

6月28日　星期日　熱甚

七時四十分起。本日悶熱異常，室內達九十四度，為入夏後第一大熱天。

范君秉琳自閩到滬，來京相訪，託余函介於京滬路局黃伯樵局長，意在得一文書課職員地位，如不可得，則託余向交通部農民銀行或黔財廳設法。其實皆無如何把握也。與之詳談別後事，天熱心煩，同增感喟。十時許馬巽伯君來訪，亦為秉琳事。

今又胸腹脹滿更甚，頭暈舌乾，亦較昨為劇，疑係中暑，特以電話告亦僑帶邀國醫邵某來診，處方十四味而去。余觀其人未必有如何學問，但所投均係理濕去暑之味，諒無大礙，遂購兩劑服之。汪秘書來電話，詢余病狀，服何藥，蓋蔣先生囑其來詢也。

閱最近四、五日內各報之國際新聞，知歐局近日亦極緊張，英、法、意、德間關係變化萬千，前途悲觀成

分極多。夜與秉琳納涼亭院閒談，十時以車送至車站。即就寢。

6 月 29 日　星期一　陰晴

晨六時即醒，七時起。今日較昨稍涼爽。

請假已一星期，今日急思銷假，但晨起即覺頭暈異常，腹部又時時作痛，殊不能起坐作事，恐勉強出去，亦不能照常工作，遂止。

服邵醫生藥後，便閉已通，但覺消化力仍極薄弱，服阿利散丁（大蒜精）治療之。

午後四時請方之到寓診疾，方之斷定胃腸呆滯，均係服安眠藥過久之故。謂既未發熱，且便已通，不致患痢疾，只宜修養，暫勿銷假，並為處方而去。

閱數日來之日文報紙，侵略之謀，表面雖緩，而暗中進行更急，返觀國內，則察蒙已發動，平津及魯又積極醞釀變化，西南更不擇手段，如此內外交迫，真不知伊於胡底也。傍晚下雨之後有風，悶熱大減。夜十時卅分寢。

6 月 30 日　星期二　陰

晨五時卅分醒，再睡一小時起。

今日覺諸病已瘥，且天時涼爽，故決意銷假，但出行坐車，仍覺眩暈時作耳。

七時五十分到陵園見委員長，報告銷假，並與錢主任晤談一星期來之公務情形。

　　九時返軍委會核辦文電九件，複閱已辦之件十五件，又複閱存查之件十餘件，核轉五組各秘書報告八件。晶齋之蘇俄新憲草研究，彝鼎之蒙德婁會議與土耳其，毓九之羅斯談話與英日關係，方理之所得稅徵收辦法，均尚精切可誦。慶譽亦有所作，但較空泛耳。

　　十一時卅分回寓，十二時接陵園電話，往見委員長，交下覆龍雲電，為整理一過，返軍委會交發。二時回寓午餐，午後小睡一小時餘，至四時起，作覆泉兒函，交皓帶去。五時到楚傖家商宣傳要點。七時到軍委會撰長安軍訓團開學訓詞，即用電報發出。八時卅分晚餐，旦文姨氏自滬來，吟苡兄亦來寓，談至九時去。作私函二緘，十時卅分寢。

7 月 1 日　星期三　晴、下午大雨

七時五十分起。昨晚服安眠藥一片，故今晨嗜睡特甚。

八時卅分到軍委會，以積件待辦者甚多，故國府成立紀念未往參加，中政會第十七次會議亦去函請假未列席。會後聞中政會今日討論章太炎先生國葬事，贊否兩者辯論甚熱烈。其實太炎先生一代經師，盡可由門人故舊舉行，公葬較合身分，若國葬則限制不能不稍嚴。中國尚無 Westminister Abbey 之設備，因為純萃文人學士之遺骸而國葬之耳。

核辦文電十餘件，十一時歸寓，接蔣先生電話往談。十二時回寓午餐，午後小睡，三時起，到軍委會一轉後，四時往陵園會談，到楚傖、驪先、佛海、厲生等。時大雨傾盆，約四十分鐘始止。五時進城，到中央飯店訪褚慧僧。再至軍委會一轉，歸寓，八時蔣先生宴約中央常委各院長及吳、張兩監委、程、李、覃、李君佩等會談時局，及中全會應準備各事。直至十一時卅分始歸。十二時寢。

7 月 2 日　星期四　陰雨

八時卅分起。昨睡太遲，直至一時後始入睡，且屢醒，覺疲甚。

今日氣候特轉涼爽，改御嗶嘰制服，尚須加小衫一襲，蓋已入霉期矣。

九時到軍委會核辦文電十餘件，又辦出積存件（關於文字者）二件。

　　向午周枕琴先生來訪。今日以事多，五組秘書定期談話會未舉行。十二時歸寓午餐。

　　午後小睡，以天涼，一睡竟不易醒，且覺四肢沉重。每年入霉雨期即覺有此徵象，今又值時局緊張，殊不知何以支持也。覆何西亞君一書。

　　五時卅分去軍委會辦文電四件，又核閱講演紀錄一件，與外賓談話紀錄兩件。

　　五時到楚傖家商關於宣傳之要點，到方、崔、程、蕭、彭諸人，六時卅分散，即歸寓。

　　夜九時卅分接暢卿電，為余幄奇事。即往陵園與辭修會同請示，至十一時始歸。

　　十一時卅分寢。

7月3日　星期五　陰雨

　　八時起。昨晚未服藥，睡尚佳。

　　接楚傖電話，邀往商談二中全會各事，方擬出門，又接陵園電話，乃先往軍委會一轉，即至陵園見委員長。承命草擬某項文字，告國人以粵機來歸之真相，旋即返會，核辦文電六、七件，代發陳辭修覆暢卿一電。十時卅分往訪楚傖於中央黨部，楚傖出所擬應付請願之辦法，囑余轉呈閱定。十一時卅分到會一轉，囑葛秘書往雨農處調取空軍名冊。十二時到陵園，以楚公所言各節請示。一時返寓午餐。接皓、皚、憐來函，又秉琳、坼兄函。午後小睡至二時四十分起，吟苃兄來。三時十五分到軍委會，旋往晤

楚傖。四時往陵園參加行政院各部長談話會，商討對華北
各事。六時卅分畢，即返會辦發文電四件，又擬發賀虞洽
老七十生日祝電一件。七時卅分歸寓。八時晚餐。夜起草
告空軍書，至十時卅分脫稿。十一時寢。

7月4日　星期六　陰雨

八時起。

連日氣候特殊，嗜眠特甚，每日睡八小時尚覺不足也。

八時卅分到軍委會核辦文件八件，接暢卿來電兩件
（致予及辭修者），十時辭修來侍從室，到慕尹室中招往
會談時局。十一時辭修去，余乃回陵園見委員長請示：二
中全會開會，各中委在前方擔任軍政要職者應否回京參
加。經委員長分別決定後，仍交余與錢主任共商之。今日
國民經濟建設運動總會在實業部開成立會，余因事未往參
加。十二時午餐，午後小睡至三時始醒。巽伯來訪，談交
部所屬機關情形甚詳。接八弟來書，即覆之。蓋三月不通
消息矣。

四時到軍委會辦發文電九件。核定委員長今晨在國
民經濟建設總會之講稿一篇。接楚傖來電話四次，均關於
粵請願團事。發致吳市長兩電。委員長命予代表赴滬祝虞
洽老壽，余以事繁不能離家，乃改派立夫就近代表，即去
電告之。夜作私函數緘。十一時就寢。

7月5日　星期日　陰

晨七時卅分起。睡眠甚感不足，以楚傖前晚約談，故匆匆遂起。

八時接楚傖電話，知昨所約定八時會談不必舉行，遂在寓午餐。餐畢，學素送來電報數件，即摘要呈委員長，並以電話與錢主任及楚傖先生等接洽，又命亦僑去下關輪埠接自漢來京之林、楊二君，擾擾半日，未得閒。

午後方擬小睡，接陵園蔣副官電話，為約見林、楊二君及招待唐少川事，睡魔為之驅盡，不復能眠，但頭痛特甚。擬撰某件，久久不能就，甚以為苦。二時滄波來，三時公弢、慎予來，均談約一小時而去。四時卅分到白下路南洋煙草公司訪林、楊二君，略談即出。以心煩神疲，乃至玄武湖畔散步，久之而歸。接大哥來函，知近體不適，發熱心煩。

夜發祝電，賀洽老七十壽，八時卅分去陵園。辭修亦在彼，與林、楊同見委員長，談至十時歸。十一時寢。

7月6日　星期一　陰晴

晨八時起。昨睡仍感不足，晨起極勉強。

以事繁未參加中央黨部紀念週。八時卅分到軍委會核辦文電八件。近日委員長患目疾，次要件均不呈閱，處理頗感不易。五組送來報告三件，閱後赴還，不以呈閱也。致大哥一函，勸其注射安神補腦之藥，並移地療養，或往普陀避暑。

　　午後小睡卅分鐘，二時赴下關車站，代表委員長往
迎唐少川先生。自民國十二年在老靶子路訪問此老後，蓋
已十三年不見矣。楚傖、覺生、太龢、星樵、協和、籌
碩、詠霓、岳軍、味辛諸君均到站歡迎。三時同至陵園東
村陳宅，與唐先生略談後即至陵園官邸，囑蔣侍從副官報
告，並請示接見日期。四時返軍委會，擬告粵、桂同胞書
要點，交張齡撰擬初稿。六時歸，又覺有微熱，骨酸殊
甚。夜希孔來談，商宣傳事。十時卅分寢。

7 月 7 日　星期二　晴

　　七時十分起。

　　八時赴陵園官邸與錢主任會談，並呈書面報告五事
於委員長，並為唐少川先生請定約晤時間。九時委員長下
樓略談，即至軍委會辦發普通件八、九件。今日予之骨酸
症似更甚，不耐久坐。十時卅分遂離會至戶部街訪力子先
生，不遇，繼至大樹根四十四號，訪顧墨三主任，適禮卿
先生及養甫均在彼，縱談時局，予與墨三談川事，約十餘
分鐘而出。十一時卅分再訪力子先生，暢談半年來之情
形。十二時歸寓午餐。午後天時漸熱，予心煩特甚，小睡
亦不成眠，遂以電話告學素，擬不去會，作私函數緘致七
弟、八弟，又覆六弟一函及覆三表弟一函。擬起草某項文
字，精神散漫，不能集中思慮，遂中輟。因思全會期內予
萬不能再任文字工作，函立夫道所苦。請轉告楚傖焉。夜
服安眠藥約兩片，九時睡。

7月8日　星期三　晴

七時卅分起。昨晚服安眠藥一片又四分之三，睡眠較佳，夢亦少，晨起覺頭腦較清靜。

八時十分去軍委會核辦文電十四、五件，又複閱講演稿三篇，搜貼情報材料數件，至十二時回寓午餐。知力子夫婦曾來訪。

陶希聖君來京出席政治學會，午前往訪於中央飯店，值外出未晤。

午後小睡四十分鐘起，至江蘇路十七號訪劉雪亞，談二十分鐘，即去軍委會。辦發文電七件，覆私函五緘，又複閱委員長講稿四篇，連午前所閱定者共七篇，交還速記室，並招蕭自誠來談，告以紀錄與整理之注意要點，並勸其搜羅世界名人講演集而研究摘譯之。六時出軍委會，到佛海家小坐，七時歸。八時到陵園晚餐，今日委員長為唐少川洗塵，邀粵籍委員十人作陪，十時散，到中央飯店訪希聖略談歸寓。十時卅分寢。

7月9日　星期四　晴、熱甚

六時起。昨睡不足五小時，晨起殊疲倦。接外舅書泉兒書。

七時到飛機場參加北伐誓師紀念，並閱兵典禮，到文官簡任以上，武官校官以上共約三百餘人，德國國防部代表某某二氏臨時參加，受檢閱者為七十八師及集中軍訓之學生，稚公代表中央黨部致詞，繼蔣先生致詞，至十時

完畢。十一時在陣亡將士墓舉行公祭，余以軍委會有事未往，核辦文電五、六件，並召開五組定期談話會，十二時歸寓，辭修招往其家談廣東問題，以余幄奇已到京，粵事將有解決之望也。一時回寓午餐，餐畢小睡。二時卅分暢卿來訪，談三個月來之中樞情形及粵局與外交等，四時到軍委會核辦文件五件，閱定講演詞一篇，並擬覆電稿一件。五時卅分送汪秘書呈核。七時歸寓，澡身。七時卅分參加勵志社公宴，有音樂及劉寶全大鼓，唱趙雲救駕，有深意焉。九時卅分先歸。洗浴服藥。十時卅分寢。

7月10日　星期五　晴

七時卅分起。昨晚服藥一片半，酣睡約八小時。

本日第五屆二次中央全體會議開幕，六時在總理墓前舉行開幕式，余以昨睡稍遲，不能早起，故未參加。七時卅分到陵園見委員長，報告近日見聞。八時同至中央黨部參加預備會，由丁鼎丞先生主席，決定主席團人選及會期等，九時散會。與養甫、君武諸君談話，並核閱中政會工作報告草案。十時到軍委會，核辦文電六件，起草致陳伯南電稿，十一時到陵園面呈核定，仍返軍委會一轉，十二時卅分歸午餐。

午後小睡三時醒，至中央黨部訪楚傖、知唐、孫諸委及粵籍中委全體有撤消西南兩機關之提案，略談即出，到安樂酒店訪公展未遇，中央飯店訪仙槎、亞子亦未遇，到軍委會辦例行三件，擬發覆李漢魂電。六時歸寓。偕允默

訪力子夫婦未遇。夜偕允默攜樂訪佛海夫婦，納涼院中。
九時許歸寓。十時卅分寢。

7月11日　星期六　晴

　　六時起。昨晚天熱，睡中時時警醒，且多夢，想因
未服藥之故。

　　七時出席二中全會第一次預備會議。首由居覺生先
生報告常務委員會工作，次中政會及各部處報告，次行
政、司法、考試等院報告，最後由張外長作外交報告，歷
四十分鐘畢，賅括明瞭，措詞得體，其口才殊可佩也。次
指定提案審查委員，予被指定入政治組，九時散會。九時
卅分到軍委會接辦文電五、六件，到中央飯店訪友，十二
時歸寓午餐。午後熱甚，洗澡一次，小睡至二時卅分醒。
三時到中央黨部訪葉秘書長未遇，向議事科索閱議案，知
已送到者十件。四時到軍委會發函數緘。六時至首都飯店
訪暢卿，談一小時。八時蔣先生宴請主席團及各常委與
吳、李、王諸監委，余往陪席，飯後談取消西南兩機關
事，十時散。予即至安樂酒店訪粵來京各委，至鄧青陽、
黃麟書、崔廣秀處小坐，李倚菴、李任仁均未遇。十一時
歸，即寢。

7月12日　星期日　晴、天氣轉涼

　　六時四十分起。昨晚雖服藥，睡仍不佳。
　　七時出席黨務、政治合組審查會，討論蕭佛成等提

案，以手續未備，且中央已有既定方針，認為不必另有決議。又唐紹儀等提請撤消西南兩機關案，請大會予以通過。此討論劉峙提案，請清理決議積案，又與經濟組合併審查孫科等提關於租佃制度案，均由邵力子先生主席，九時卅分散會，與岳軍、鐵城、楚傖商談外交問題。十一時返軍委會核辦文電四件。往見委員長於軍校官邸，報告上午審查結果及馮煥章等提案等。承命預備宣言，旋至中央飯店訪雪竹、芸樵。到安樂酒店訪易書竹與劉廷芳談甚久。十二時卅分歸寓，即至楚傖處一轉。午後小睡一小時，三時卅分往楚傖處，商定宣言要點，託公展起初稿。五時到軍委會一轉，即至三條巷訪余幄奇軍長，時局安危及此一人者甚大，故特往訪之。六時到陵園，西南五委適往晤委員長，陪同談話。旋與委員長再商宣言內容。七時到中央黨部，與公展談。八時回家晚餐，夜並訪楚公，與楚公往陵園，十時卅分歸，核講稿一篇。

十一時卅分寢。

7月13日　星期一　晴

晨六時卅分起。泉兒昨晚到京，今晨匆匆相見，竟不及一談。

七時到中央黨部出席紀念週，由蔣先生報告全會之使命及對內對外之決策約歷五十分鐘始畢。軍委會送到電二件，即時摘呈。八時開第二次會議，孔部長作財政報告，何部長作軍政報告，程參謀總長作關於國防方面之報

告。今日所討論提案均極重要，其尤要者為：（一）設國防會議；（二）免陳濟棠職，以余漢謀繼任：（三）任命李、白為桂綏靖主任，林雲陔、黃旭初為粵、桂省政府主席。（四）撤消西南兩機關。最後由蔣先生對國策限度即所謂最後關頭之詮釋有明白真切之報告。十二時卅分散會，揮汗如雨。

午後未去軍委會，在寓內起草宣言，以雜務甚多，未能動筆。自四時至六時，審閱講稿兩篇，以其內容重要，不能不詳細審閱修改，而頭痛、齒痛並作，晚餐亦不知味。夜九時洗澡後，心思稍寧定，頭腦亦較澄澈，十時著手至十一時完成交繕。即就枕睡。

7月14日　星期二　雨

六時卅分起。昨因用腦過度，就枕後頭痛不已，徹夜未睡，僅凌晨合眼卅分鐘而已。

七時到中央黨部，以宣言草案送蔣先生審閱。七時十分舉行宣言起草委員會審查會，公博、陸一、寒操、公展及余全體出席，對草案通體審查，多所刪節修正，較原文為整齊緊湊。諸君均認真商酌，精神極可佩。八時十五分始畢。蔣先生亦有修改意見，乃就兩稿相互參酌，作最後修正。九時卅分開第三次會議，討論提案四件，並通過宣言。溥泉、元冲、力子、志希、少炯均提出詞句之修改，最後決定交余全權處理，十時卅分最終決定。即舉行閉幕式，由馮煥章主席作報告，並宣讀宣言，十二時十分

散會。予疲倦已極，向蔣先生請假半天，回寓草草午餐後，即服藥一片就枕，睡至五時起，仍覺頭痛不止。公展夫婦及滄波、鶴皋、公弢先後來訪。接酉生、貞柯各一函。夜與泉兒談。九時卅分睡。

7月15日　星期三　雨

六時四十分起。昨晚未服藥，睡眠不佳。

今日疲倦殊甚，且覺頭痛甚劇，上午未去到軍委會。中央黨部午刻公宴，又劉季生次長約便飯于瘦西湖，均未去。

十時驪先來訪，言蔣先生將以某省主席相屬，彼以身體關係，且初任中央研究院事，不便舍此就彼，繕就一函，囑余面陳不就之意，並談研究院將來計劃甚詳，約一小時餘始去。囑泉兒往見秉農山先生，下學年擬令入生物研究所，從鄭集先生研究。

午後小睡四十分鐘，頭痛仍不止。三時力子先生來訪，談陝西近來情況，深虞徐匪回竄陝北。並謂中樞對地方情形究嫌有多少隔膜。又談魯省當局態度及彼對時局之觀察，五時去。陳凌雲來談，五時廿分去軍委會一轉，六時到陵園見委員長，呈朱函，並請示川建債等事，知三日後將赴牯嶺矣。夜與學素談赴牯嶺準備各事。十時卅分寢。

7月16日　星期四　晴

六時四十五紛起。昨夜服百疾霍靈四茶匙，睡尚佳，

但五時即醒。

七時料理私人函札數件，並上外舅書，交泉兒帶去。今日遣泉兒返滬回慈谿。

八時卅分到軍委會核辦文電十五件，修改函稿三件，十時召集五組各秘書開定期談話會，決定五組各秘書均在京留守，僅亦僑、省吾隨余去牯嶺，並決定四組所屬同行人員名單，與錢主任接洽出發各事，直至十二時卅分始回寓午餐。午後接陳伯南覆委員長灰電與刪電措詞極倨傲。擬小睡，終不能合眼。二時起與秋陽略談，即出至挹江別墅訪盧作孚廳長，商洽川省建設公債之發行額與用途。旋至首都飯店答訪陳公洽主席，談閩省府所延致之國家主義派分子及薩鼎銘將軍之出處問題。四時返軍委會，何雪竹先生來訪，摘呈要電三件，核改勉盧先生所撰年譜跋，並繕呈川建設公債發行甲、乙二案請核定，並整理文件。六時到陵園見委員長，面陳川建債事，並決定令高晶齋回魯一行。七時五十分始回寓晚飯。夜覺頭痛及兩手發熱，試之為卅六度九。十時就寢。

7月17日　星期五　晴

晨六時即醒，思再睡不得，七時起。昨晚服百疾霍靈三茶匙，仍未酣睡，僅熟睡五小時。

八時往下關車站代表蔣先生往送唐少川先生，晤李協如、鹿鐘麟及楚傖、星樵諸君。八時卅分車開後乃歸寓，略進食物。即往軍委會核辦文電九件，與高秘書晶齋

談，許其請假回魯，乘便訪問各軍將領，轉達中央意旨。十時卅分往陵園，委員長囑擬致陳伯南電及告吳市長以宣傳要點，退出後在客室晤湘省府代表易書竹、劉延芳兩君及魯芳衡廳長，並與盧作孚君談川建債事。十一時返軍委會一轉，勉盧先生來訪。

　　十一時卅分回寓，一時午餐，餐畢就床小睡，頭痛不成眠。二時即起至軍委會，四時擬就致陳伯南電，五時在陵園，適各部長在彼會談商俄大使人選，諸君去後，始將電稿呈請核定，並決定章太炎國葬籌備委員人選。聞陳伯南頃又有電來聲稱，決心下野，派陳漢光來京面陳，究不知其真相信何如也。七時返軍委會，發新聞稿，並辦發關於川事文電四、五件。八時回寓晚餐，頭暈身熱，頗難支持。九時接電話，再去陵園，十時歸。十一時寢。

7月18日　星期六　晴

　　晨五時即醒，頭暈甚，強睡不成眠，七時起。

　　接陵園電話，匆匆貫洗後即趨車往見委員長，與林蔚文君同見，談兩粵軍事發展情形，並研究桂軍侵粵步驟。委員長以為桂軍進展未必如報載之速，殆故意炫人聽聞之宣傳也。並囑予往見于院長，商審計部人選。返會後知于適在院開會，乃與陸一通電話，嗣知于已到陵園親談遂未往。在會核辦文電四、五件，料理各同人出發事。孫慕迦來訪於軍委會，談頗久，覺見解不差。十一時卅分再往陵園，承命擬再覆陳伯南電稿，陳今日派師長陳漢光攜函來

京，措詞仍極冗傲也。歸寓午餐，腦漲齒痛，勉強起草，於二時呈請核定即發。委員長並親筆覆函，以大義相勉，詞極懇切。三時到機場送行（今日委員長赴九江，即上牯嶺避暑）。余決定遲兩天動身。四時返寓休息，滄波來談甚久。發新聞稿二則。夜述庭來談。接蔡哲夫夫人寄贈畫梅一幅，並治印一方相贈。十時卅分寢。

7月19日　星期日　晴

晨八時卅分起。連日疲甚，而神經緊張，睡不成眠，昨晚始稍稍補足之。

蔣先生不在南京，預知無固定工作，心思稍閒靜，頭痛亦痊，唯疲勞未復耳。

今日報載，陳伯南已於昨下午五時後乘海虎艦離省，以軍政善後交李揚敬，但昨十二時尚未到港，其行動趨向尚難判斷也。十時蔣先生自牯嶺來長途電話，詢粵情，並有所指示。

首都、九江間長途電話完成未久，傳音不甚清晰，對話甚費力，有待于改進也。

核閱毛先生所編蔣先生年譜民國十年至十二年兩冊，自九時著手，至午後三時畢事。其間所載蔣先生文字多至性淋漓之語，亦自暢達可喜，凡富感動性，皆「誠」為之也。午後四時到揚子飯店，訪徐次宸督辦永昌。五時到首都飯店訪任叔永君，談川大事，頗露辭意。其原因由於川中報紙對陳衡哲女士為有組織之攻擊而省府漠視之。

繼至富民坊訪勉盧先生，七時卅分歸寓晚餐。接貞柯二函，慰勉備至，殊可感。夜發兩電，致牯嶺轉報關於粵事之消息。十一時十五分寢。

7 月 20 日　星期一　晴

晨七時三刻起。今日天氣驟熱，較昨約高六度。

覆貞柯一函，並為曉兒改來信一緘，初學文言作函札，尚清順可喜。此兒讀書尚用心，惜太沉默，且不懂世務，當漸漸教之。

接錢主任自山中來電即覆之。徐次宸、魏道明以飛機無空位，改下午舟行，亦電告之。

十時到軍委會辦文電四、五件，又發函四件，告明日動身。約貢華來談，囑託組務，又以處內事務方面之事交汪書記葆恩。柳和君「論語中心之孔子思想」一書亦交葆恩妥存。十一時卅分出至新樂也理髮，十二時卅分歸寓。

午後小睡卅分鐘即醒，徐道鄰、程滄波、梁仲栗三君先後來訪，談行政院辦事情形。滄波並為余述北方特種宣傳方略，擬以教育界力量控制社會輿論，俾已死人心得以稍維于萬一云。五時卅分往訪楚公，詢有無面達之件，並談粵中消息。六時卅分到赤壁路騮先家辭行。八時晚餐，餐畢整理書物各件，擬明日動身赴牯。十時卅分寢。

7 月 21 日　星期二　晴、甚熱

晨七時起。昨晚睡尚佳。

　　七時卅分整理行裝畢，即離家到下關乘寧紹輪赴潯，攜維庸、訓清同行。貢華、方理兩兄及實之弟均來送行，以報告新聞消息事託貢華。八時立夫亦來送行，談甚久。八時卅分船自下關開行，沈榮山君來談，知黃子蔭及武昌中華大學校長陳時均同舟西上，榮山談甚久，十一時始獲小憩，乘相熟之船，往往有此弊也。

　　午後熱甚，汗出如瀋，小睡後更覺悶熱，四時過蕪，以裝卸貨物，停泊二小時，六時開船，始稍稍通風。舟中無事，讀杜詩。

　　七時榮山治饌相餉，皆故鄉風味，食冷藏荔枝，尤鮮美。夜整理去年日記。天熱甚，呼水洗澡後仍不覺涼，十一時入睡。一時舟過大通，大雷雨為驚醒。二時卅分再睡。

7月22日　星期三　晴

　　晨倦甚，睡至七時卅分起，則已到安慶矣。

　　劉雪亞、楊思默兩員登船相訪，談近事及皖省情形。劉言今年皖收成有望，民心亦定，茶葉經省府救濟，且售價昂，茶農生計有起色。又談鄂皖贛邊區剿匪事，頗主張劃一特區，直隸政院，以剿匪部隊最高長官兼領特區行政，庶權責統一，處理得以迅速，於剿匪推進亦易云云。接貢華及中央社各一電，九時卅分舟離安慶，天熱甚，倦極不得眠，至以為苦。榮山約午餐於其室，餐畢談半小時回室。讀杜詩。

　　午後五時舟過湖口，天氣轉涼，遙望廬山，濃霧籠
之，舟人指點，謂彼處政大雨也。六時後將抵潯，登舷眺
望，岸上新綠與斜陽相映晚晴之田野，真堪賞翫。七時到
九江，亦僑、學素偕慧鋒來迎，慧鋒邀至中央銀行過宿。
八時呼水洗澡，倦甚思早睡，拍電至京寓報告行程。十時
入睡。

7月23日　星期四　晴

　　晨六時起。昨晚雖屢醒，但易入睡，清晨轉涼尤酣適。
　　六時五十分別慧鋒，與學素等乘汽車至蓮花洞換肩
輿登山。途中遇負載者甚多，磴道窄隘，相讓不易，自愧
安坐輿中，四體不動，乃使人讓道，殊不公平。過好漢
坡後可卸夾衣。九時十分抵牯嶺，莫組長迎於道中，在
五十四號門首遇辭修，謂粵事未可遽作樂觀，小憩即往見
委員長，有所報告。退晤林蔚文廳長，詢軍事及兩粵部隊
向背。十時卅分回寓，發中央社總社一電，為港電有一消
息，委員長認為無根據，轉告改正之。回寓後許秘書卓修
來談，核辦文電十八件。午餐畢，戴宸綸君及中央社牯嶺
記者趙漠野來談。二時小睡十五分鐘即起，發家書，續辦
文電五、六件。傍晚出外散步，至圖書館附近閒眺久之而
歸。夜慶祥、我若、國燾三君來談。十時洗澡就睡。

7月24日　星期五　晴

　　晨六時四十分起。昨晚睡尚安適。

辦發文電十餘件，核許秘書送來稿四件，閱情報三件。

九時到十二號官邸見委員長，適辭修、蔚文兩君在彼會報，予亦有所報告。十一時歸寓，方之來談。十一時卅分乃華來談，攜來講稿七篇。聞暢卿上山，以電話詢之，知不在寓。

十二時到圖書館訪立夫，談廬山大廈改建之計劃，即在彼處午餐。餐畢已一時，遂歸寓。核辦文電十二件，至三時始畢。擬小睡，以用腦太久不入眠，牙痛又作，遂起。

四時到中路六十號訪辭修，又至鄱陽路二四二號訪琢堂、景韓二公，均未遇，廢然而歸。

七時到辭修家晚餐，由天翼、辭修作主人，同座有黃光銳、夏靈炳、徐次宸及暢卿、慶雲，至柔、邦初諸君，飲汾酒半杯，幾醉。餐畢，談至十時五十分歸。辦發文電十一件，又核辦到文七件。十一時五十分始寢。

7月25日　星期六　晴、下午雨

晨七時許起。昨晚服藥一片半，睡足六小時。

核辦發文六件，閱情報三件，八時卅分接電話，往十二號官邸報告本日消息，並應委員長之詢問數事，與林廳長蔚文略談，十時歸寓。覺倦甚，想因天氣關係。續辦來文五件，張劍鋒來談，告以練習文字注意之點。十一時立夫來談，頗致慨於政治工作之空虛無意義，十二時去。立夫去後，繼續核閱來文十餘件，並機要科送來之電稿

等，至一時十五分完畢。午餐後擬小睡，僅合眼十五分鐘即醒。

四時往九十四號訪龍繩武君，志舟主席之公子也。人極雋爽，談半小時歸。擬訪張果為君，以電話往詢，知不在寓，時大雷雨，悶極思睡，仍不成眠。七時到圖書館晚餐，為招待粵來空軍人員，到百餘人。委員長即席演說，以服從命令，嚴守紀律相勗。八時餐畢，到立夫室中與暢、翼會談，十時卅分歸，閱文電十二件。十一時卅分寢。

7月26日　星期日　晴

以昨睡太遲，八時始醒。入山後頗覺貪睡不能早起。

八時卅分往十二號官邸報告本日所得消息，並略談時局。九時卅分歸寓。

（本年上期對外貿易狀況）

輸入四五九、〇〇〇、二二四元，

較去年減八千六百萬；

輸出三三二、七一一、四六九元，

較去年加七千三百萬；

入超一二六、二八八、七七五元。

核辦文電十件，十時卅分往大華飯店訪張果為君，即陳公俠所介紹來見委員長，張為安徽宿松人，最近脫離國家主義派而加入國民黨，在德學統計，近在閩財廳任事，談改革財政及整頓稅收，頗有自信之勇。十一時五十分歸

寓一轉，即至天翼家午餐，二時卅分歸。

　　午後核辦文電五件，葉琢堂先生及劉紀文、黎公琰先後來訪，五時往五十六號訪徐叔謨，談外交最近形勢，晤金問泗公使及吳昆吾參事。六時俞次長樵峯來訪，長談一小時始別去。夜核閱文電七、八件，發家書。十時卅分寢。

7月27日　星期一　雨

　　六時四十分起。昨未服藥，夜覺齒痛，屢醒。接家書及衣服。

　　核辦發文六件，閱本日消息。八時二十分到委員長官邸，與林蔚文君同時進見，報告處理文件及所得之情報。九時卅分出至仙岩旅館訪黃季寬先生，談時局及桂事。

　　旋即至十九號訪劉紀文，適陳慶雲亦在彼，晤談至快。十一時歸，道鄰來訪，攜來關於研究易經書籍五、六部。十一時卅分黃天民君來談粵省禁煙辦法。黃去後翁詠霓君來，接洽川省府、粵省府人選事，將數日內有關之來去文電錄副本交之。午餐後小睡卅分鐘。

　　二時到大蓮院三號訪楚傖，談粵省黨務善後及桂局。二時卅分歸寓，天暝霧重，精神不舒，方欲再睡，客來不已。李立侯、黃季寬、鄧雪冰諸君先後過談，雪冰談甚久，七時卅分始晚餐。燈下核閱文電七、八件，得私函五、六緘。洗澡就寢，已十時卅分矣。

7月28日　星期二　晴、上午雨

六時五十分起。昨睡頗酣適。

閱來文六、七件，八時到十二號官邸報告本日消息，並代季寬轉達意見。九時以行政院在官邸開會，即歸寓。乘此時間偕學素出外散步，至交蘆橋看瀑布，適楚傖乘輿自黃龍寺來，同觀久之。十一時歸寓，夏靈炳、黃季寬來訪。十二時以委員長電招往十二號，奉命擬致李、白促就新職電，面定要點後歸寓午餐。餐畢，起草至二時卅分脫稿，即繕呈核定，四時拍發，不知李、白閱此後反應何如也。長沙宋姁逢君來，奉委員長命代見之。四時卅分黃慕松先生來談，彼新任粵省主席，即將赴任。五時至十二號一轉，晤劉維熾次長。五時卅分到鄱陽路二四二號訪琢堂、景韓二君。與景韓談甚久，七時歸寓。徐子青來訪。晚餐後核文電十件，改定講稿（對粵空軍訓話），並撰紀講演稿三篇。

十一時卅分洗澡寢。

7月29日　星期三　晴

六時卅分起。

閱文電五件。八時十分往十二號與林蔚文同見委員長，報告各事，知桂省備戰益急，恐無和平解決之希望。九時報告畢，出外遇楚傖、立夫於客室，略談歸寓。嚴家誥君過訪，未遇。接滄波來函，力子先生電，即覆之。方之來談甚久。十一時譚局長炳訓來訪，十二時立兄來邀同

午餐。餐畢談約一小時，頗露厭倦黨務工作之意。數年前
對予常以積極作事相勗者，今乃突趨消極，亦環境為之
也。立兄去後，小睡約一小時。

四時，李子寬君自京飛來訪余于寓，談粵省禁煙事。
旋嚴慧鋒兄來訪，略談即去。太虛來，以倦甚未見。核閱
文電十餘件。雨農來，親送報告一件（中央警校事），即
為轉呈。六時與學素至醫生窪散步，良久而歸。改定國民
教育學校訓詞一篇，即發出。九時鶴皋來山，助其布置家
宅。十一時寢。

7月30日　星期四　晴、甚熱

七時起。昨睡僅六小時半，殊感睡眠不足，上山以
後，晨起均極勉強，嗜睡特甚。

核閱去文四件，又摘呈本日中央社消息，以頗感疲
倦，且無要事，故未去十二號。

整理書件，並補記昔年事。自此次來牯，逐日有閒
暇即補記之，已至丁未歲，此舉雖無如何意義，然亦消遣
之一法，且可存備兒輩觀覽之。鶴皋來談，旋中央日報社
聶世璋君來談。一時午餐，二時小睡至三時卅分醒。核辦
來文七、八件。四時去十二號與李子寬君同見委員長，商
定粵禁煙辦法及電稿措詞，出晤黃慕松，曾養甫及粵省府
新任秘書長岑學呂字（伯渠）君。五時回寓，辦發關於粵
禁煙電稿五件。方之來為余注射 ERUGON，以近日體力
頗感不支也。七時晚餐，餐畢，擬覆何敬之部長一電，為

指示覆李、白電稿要點。夜八時卅分往見委員長請核定。
歸後再刪改兩次發出，又擬覆韓向方一函，繕呈核簽，明
日發。十一時三十分就寢。

7月31日　星期五　晴

六時卅分醒。

昨睡殊感不足。

八時到十二號見委員長，對川財政案及公債事有所
請示。九時歸寓，荻浪兄來，談處理文電手續。李子寬、
黃為材二君來談粵禁煙事。黃擬即日去粵，約定以後凡關
禁煙事項由京總會轉來為妥。旋張向華、陳生庭（芝馨）
來談，向華之坦直，不愧軍人本色。十一時代委員長接見
游經邦君，江西六安人，美國丹穆大學畢業習經濟，無甚
經驗，不足取也。中央檢查新聞處科長王家鴻來談，為介
紹於莫組長。午後二時小睡，四時許醒。

核辦文電二十餘件。五時核閱講稿兩篇。六時雨農、
毛慶祥來談。七時黃大偉及毛鳳章兩君來談。津浦局楊局
長送來德州西瓜，剖食之，並不甚美。鶴兄邀晚餐，吃大
魚頭。今日見客太多，覺甚無味。夜閱文電四、五件，核
改講稿五篇。十一時卅分寢。

8月1日　星期六　陰晴

六時二十分起。昨睡太遲，未燃蚊煙，今晨為蚊所擾，以致驚醒。

核閱來文六、七件，摘呈消息數紙後，覺頭目眩暈異常，行路亦覺茫然。九時委員長以電話招往談，疲極不能往，登牀再睡，至十時四十分起。十一時卅分往見委員長，面授電文要點，囑再擬電忠告李、白，以儉電發後迄未得覆也。

上山以後方自幸生活有規律，心思叫凝定，詎以連日工作太多，夜睡過遲，又感疲勞不支。如此身體精神，而學素等時時以積極作事相勗，試問將何從積極乎。招張秘書來，囑擬慈幼協會頌詞二篇。午後二時起，開始起草電稿，內容意思太多，排次不易，且時局表面上尚不無轉捩希望，不願用有刺激性之語，幾經斟酌，至六時卅分始脫稿，長約二千言。葛秘書武棨來談，蕭速記乃華亦來談，夜核閱來文發文約十八、九件，憊甚。十時就寢。

8月2日　星期日　陽多陰

晨七時醒，閉目靜息，至七時卅分起。

核閱來去電十餘件，改定慈幼協會二屆年會頌詞二篇。一為委員長名義注重于民族復興，一為蔣夫人名義，注重于兒童教育與兒童衛生，均為張劍鋒起稿，余為潤色之。覺劍鋒較初來時已有進步矣。向午大雨，十一時應電召往見委員長，熊天翼亦在座，以李、白昨來世電，擬再

覆一電正告之，商定內容措詞後即回寓。據委員長觀察，似李、白已不能堅持也。

午後小睡，比醒已三時，鄧秘書長鳴階及邱丙乙來訪，談川局甚詳。謂劉主席以匪情、康事、及改編對五番號與剿匪經費事囑其來怙謁示，並謂劉以下情不能遠達，甚不安，談約一小時去。四時起，草覆李、白電稿，五時卅分完畢，即繕呈。出遇委員長于途，遂面呈攜回核閱。六時吳醒亞夫人來訪，未遇留函而去。歸寓聞悉醒亞病情沉重，晚餐後即往訪之，已不省人事，全入昏迷狀態，狀極悽慘。以山上無醫生，遂至河南路邀方之前往為之診視，以有他醫生，不便處方遂出，歸寓閱文電十餘件，十一時寢。

8 月 3 日　星期一　陰、正午大雨、下午晴

晨七時醒。聞有客至，即起視之。則沈榮山君也。略談而去，遂不能再睡。

八時摘呈中央社消息後，覺頭暈異常，舉步不穩，且似有微熱者。勉閱文電五、六件，並為醒亞代請醫藥費，派蔣會計送其家。九時實不能支，遂假寢休息，但電話不絕，不能安睡，屢屢驚睡，十一時遂強起。方之、乃華等先後來談。午餐後小睡僅卅分鐘又醒，今日疲倦徬徨，殊感不適。端納來訪，以臥病未晤。樵峯約晚餐亦未往。四時湘省府秘書長易書竹君來訪，談何主席擬請將綏靖主任或主席職務擺脫其一，似來探詢虛實也者，略談而

去。五時卅分應委員長約，前往十二號參加會談，到朱主
任、熊主席、林廳長，對粵、桂局勢有所商談。余以發冷
頭眩早退，歸寓後稍癒。閱學素所擬宣傳品一件，又核閱
來去電文十餘件，夜未作事。十時洗澡就寢。

8月4日　星期二　晴

七時四十分起。

摘呈本日消息後，擬改正宣傳文件，旋即覺頭暈異
常，精神疲極，遂不復動筆。委員長今日下山，赴海會訓
話，因之亦未隨行，正擬休息，九時徐青甫先生來訪，談
浙省事，擬辭代理主席。徐去後鄧秘書長來訪，言匪軍大
部向包座東北竄甘，又談選舉經費事。十時卅分張季鸞、
曹谷冰二君來，季鸞談日本輿論對粵桂事件之態度，並非
完全惡意，並縱談華北情勢及西北經濟，長談一小時餘而
去。琢堂、景韓兩先生來訪，彼等即下山，赴觀音橋游
覽。午餐後實不能支持，視力昏茫，且發熱。登床睡至六
時許，熱稍退，以骨痛不欲再睡，遂起。鶴皋來談，旋慶
祥來談，核閱來去電十餘件。晚餐後往訪林雲陔、劉紀文
二君，訪黃麟書未晤，遂歸。十時黃麟書來訪，何紹瓊同
來。十一時寢。

8月5日　星期三　晴雨不常

七時十五分起。

接吳宅通報，醒亞竟於昨晚亥刻逝世，甚為歎悼。

核閱文電六、七件，摘呈本日消息。以委員長赴海
會寺未回，派專足送去，並去函報告數事。九時後又覺頭
暈神疲，出外散步一小時，遇雨而歸。

龍繩武君來訪，談雲南情形，及彼留法時狀況，並
辭行，云擬明日歸滬轉港。

午餐後小睡約一小時許醒。改擬告廣西民眾書及告
廣西官員書，三時卅分著手，四時五十分脫稿。致四弟一
書寄青島，續覆允默函（第七號）。

五時到鄱陽路奠唁醒亞，並代表委員長慰問其家
屬。吳夫人悽然語余，醒亞半生革命，備受刺激以歿，負
債五萬，遺孤四人均幼，茫茫來日，何以為生，聞之至為
悲慨。

夜核辦文電八、九件，往見委員長，發消息一則，
又覆楚傖電，為粵省市黨委人選事。十一時寢。

8月6日　星期四　大風雨

九時起。今晨四時餘醒，至六時再睡，故遲起。

核閱來文十餘件，情報等四、五件，以身體未全復
健康，故未出門。

以醒亞逝世後情形電告立夫兄，並輓醒亞一聯：

相逢戎幕許結深交，長憶十年前磊落權奇為我馨；

執手匡廬遽成永訣，何堪千里外登山臨水送君歸。

蓋余識醒亞在十五年冬，邂逅於南昌總司令部，于
今忽忽十年矣。登山臨水云者，其遺櫬將由江輪運滬而寓

廬在鄱陽路也。

十二時石信嘉、聶醉仁二君來訪，談醒亞歸櫬事。憶民國二十三年寓牯嶺，經紀外峯先生之喪，今又料理醒亞後事，人生如夢，殊深感慨。午後小睡三時醒，徐青甫、高晶齋、劉漣漪先後來訪。核辦文電十八件；又閱行政院文件及條陳四、五件。寄皋兒一函。

晚餐後大雨如注，經九十五號訪徐青甫先生談浙事。十一時寢。

8月7日　星期五　晴

晨七時起。今日暢晴，日光充足，潮氣亦減。

摘呈本日消息，以無要事未去官邸報告。八時鶴兄來談，九時袁副官來接洽飛機座位，機少而欲去者多，安排頗感不易。十時核閱來文及去電十餘件，張季鸞、曹谷冰兩兄來談時局。季鸞今日下山，十一時代委員長接見陶敦禮、席楚霖兩君，皆希望酌派工作者。又王家鴻君來訪，詢檢扣消息之標準。本日見客特多，至十二時四十分始進午餐。午後三時往仙巖飯店訪章行嚴，彼甫於三十日離南寧。談桂方態度極堅持，唯如中央取消後命，則決可服從云云。四時歸寓，到十二號，參加各部會長談話，旋返寓拍發長沙、貴州、廣州電報，為印刷品事。端納及紐約時報訪員STEEL來訪。五時卅分再往十二號，六時卅分歸。黃麟書來訪，略談去。夜方之武棻來談，九時往見委員長，報告行嚴談話要點，並請示宣傳部事。十時卅分寢。

8月8日　星期六　晴

七時卅分起。昨睡尚酣，但多夢，日來心境又不寧。

八時摘呈本日消息若干則，核辦文電七、八件，寫回憶錄四頁，陳鐸士先生來談彼所發明之天然拼音新字，略用註音字母之形式而變化之，實為普及識字教育之利器，並攜其十一歲幼女來當場試演，結果甚佳。新字之優點，據陳君自述，為：（一）簡單；（二）正確；（三）變化之三點。彼甚望中央提倡之。

十二時委員長請少川、亮疇、哲生、雲陔、紀文、黃麟書君等午餐，邀余作陪。餐畢略談，歸寓已二時矣。委員長有親筆函致陳濟棠，交黃攜去。俞佐庭君來訪未晤談。三時孫作人兄來訪，彼係代表軍需署到山辦公者，談半小時去。黎公琰來談。四時應委員長約往見，接洽南行各事。四時卅分陪同見章行嚴君。五時卅分歸寓。料理啟行各事，與蔣組長接洽飛機，擬遣劍鋒、省吾明日粵漢路先行。夜十時卅分寢。

8月9日　星期日　晴

七時十五分起。早晨嗜睡特甚，每為電話驚醒，即不能成眠。

八時摘呈消息，並代林雲陔先生請示二次約見日期。九時核閱來文及電報等二十餘件。劉紀文君來談良久去。石信嘉來接洽吳宅運柩赴滬事，為作函介紹於譚局長及袁秘書。客去後整理行篋，並改定武漢分校一期同學錄序，

即發。午後為接洽飛機坐位事商議許久，遂未及午睡。續
寫回憶錄四張，紀宣統三年事。下午客來不已，錢乙藜、
楊不平、黃子蔭、徐道鄰等五、六人先後來談，凡見客談
話四小時，以疲極矣。又適遇一極不如意之事，即楚傖、
果夫來電，欲余任宣傳部之名義，而蔣先生竟可其請是
也。黨中用人，每喜以重疊之數職加諸一人之身，亦不問
其個性能力及自身志願如何，余向來最不以此為然，擬決
計辭謝之。夜餐毫不知味。七時與學素外出散步，略抒憤
鬱。十一時寢。

8月10日　星期一　晴天、熱甚

晨七時卅分起。昨晚服百息福靈二茶匙，睡眠仍不佳。
旬日來精神疲頓異常，食量大減，晨起攬鏡，覺面
部瘦削，與在京時大不同。今日為上山後第一熱天，正
午當在八十五、六度以上，覺頭痛大作，不復能作事。
摘呈本日消息後，即就枕再睡。十一時訪章行嚴君，彼
託代發李、白一電，對時局有所疏解。接允默七、八日
函，中有數語記之如下：「朋友中望君積極者，其意當
為乘此時機宜有以自致通顯，豈知君不獨自己淡薄功
名，即妻若子亦未常介意於此，可惜君能感化家人，尚
不能感動友好」。午後小睡一小時，精神仍不暢，且似
有微熱。聞明日將下山，既已來此，顧不得許多，且隨
行再說，或轉地之後於身體有益亦未可知。核辦文電
八、九件，寫回憶錄至民國十年止，以此冊寄默君保存

之，不擬攜帶也。夜整備行裝。十時卅分寢。

8月11日　星期二　晴、熱甚

晨四時醒，五時卅分起。昨夜以腹飢，直至十二時後始入睡，晨起殊勉強。

六時卅分偕學素、維庸並攜訓清下山，八時十五分，抵蓮花洞，即赴九江飛機場，朱益之先生已先在，九時四十分決定余等先乘薩伏亞機起飛。同機者益之先生、慕尹夫人及蕭速記、王侍衛長、吳副官、學素、維庸等十人，五十分過贛州。余疲甚假寐，越梅嶺時，不及一賞奇偉之山景，比醒已越三南入粵境矣。一時四十分到廣州機場，辭修、崛奇、慕松、頌雲、養甫諸君均在場。二時十五分蔣先生及夫人所乘蓉克機亦到，遂與養甫同車入廣州市。先到養甫家洗澡，繼至李宅（委座住所）及空軍同學會，以彼處不能住居，承養甫邀至其家暫住。旋又往海軍俱樂部，訪益之先生等，偕養甫環游市區一周，至觀音山而回。聞立夫亦已到粵，養甫邀來同寓。今日以蔣先生事前未告行期，故余等到時既無住宿之處，亦無招呼之人，錢主任亦不甚過問，微養甫幾成喪家之犬矣。夜十一時寢。

8月12日　星期三　晴、熱甚

七時起。昨晚以倦甚睡尚酣，晨起養甫告余曰，君等所居之室，即陳濟棠膜拜呂祖扶乩處也，並指示黃色神座。

八時偕立夫同至市府賓館謁委員長，知已赴黃埔，遂改駛至魚珠碼頭（以路徑不熟，約蔣恒祥為嚮導）。過東山時，立夫為指點蔣先生昔年在東山所住之屋，已黝然現蒼老之態矣。由東山出市區，凡行二十餘分鐘而達碼頭，蔣先生適已回來。余與立夫仍渡江至黃埔游覽一週，參觀前長洲要塞司令部之屋，以時宴不及往觀軍校，遂乘電輪歸。電輪上所用之登記簿籍，上書國民革命軍總司令部，仍為十五年時舊備者。午後訪陳辭修于退思園，核辦文電四、五件，擬黨員訓練班訓詞一件，即電發。四時後偕立夫往海軍俱樂部訪居先生不遇，與程頌雲先生略談而出。繼又往訪余幄奇主任於其寓，時晚留片而歸。晚餐後辭修來，談甚久，對桂事漸有解決希望。客去後，核閱文電七、八件，為養甫改佈告一件，天熱甚，不得睡。十二時始寢。

8月13日　星期四　陰、稍涼

七時十分起。

昨晚下雨，故今日天氣轉涼。

到廣州已三日矣，舍館未定，寄食人家，雖主人好意相待，終覺不安；且聞蔣先生遷往黃埔否，亦尚未確定，則我等住居問題更難自決也。核閱文電五、六件後，八時偕立夫、養甫同往市府賓館見蔣先生，並與錢主任接洽各事。在彼晤鄧益能（甘增）、香翰屏、李煦寰（充和）諸君，旋林蔚文亦來，與談桂局近況。十一時出賓館

往省府訪黃慕松主席，十一時五十分歸寓。往貓兒崗李宅
視慶祥及機要科同事，午後又悶熱，室外匠作喧闐，擾人
午睡，致不成眠。強起覺頭痛甚，且胸腹飽悶，服人丹少
許始癒。黃天民來談即去。四時居覺生先生來訪，蕭同茲
來談宣傳事，擬要點告之。五時孫淑資來談，約明日晚
餐，堅辭之。客去後核辦電稿四件。為養甫改擬推行新生
活佈告一件。八時晚餐，餐畢閒談一小時，洗澡就寢，已
十時矣。

8 月 14 日　星期五　晴

六時醒後再睡。七時卅分起。

八時至九時以約晤關楚璞君未外出，已而門者遞到
名刺，知已來訪，聞余外出，故先行矣。語言不相通，其
隔閡有如此者。遂趨車往訪之於北平飯店，則關君適亦他
往，遂至靜慧公園賓館謁委員長，有所報告，並請示，並
與錢主任、蔣參議等略談歸寓。十一時五十分接電話再
去，面受訓詞要點，將擬一演講稿，為星期一用也。下樓
見錢主任，留條遂赴太平通津太平館吃燒鴿子，汪、吳、
蕭（乃華）同席，錢夫婦作主人，一時卅分餐畢歸寓。小
睡後，發函二緘，一致允默，一致杭州諸友，三時卅分到
退思園訪辭修，言劉為章回邕後已有來電，措詞極空洞，
知桂事解決不易矣。即至新亞酒店中央社辦事處，交刊新
聞稿及新聞電各一件，又至濱園訪林蔚文廳長，亦深以戰
爭不可避免為憾事。旋即回寓收拾行李，遷居於東昌大街

九號，李潔芝局長之別墅。晚餐後核辦文電十餘件，往梅花新邨與養甫、立夫談，十時歸。十一時寢。

8月15日　星期六　晴、熱甚

七時起。昨晚服藥一片，以鄰居太鬧，仍未熟睡。

早餐後核辦文電十餘件，十時遣學素往賓館送公事，歸來傳述委員長正覓余往談，電話搖不通，故余不知也。遂趨車往，對於準備中之講演詞復有補充之點，又以桂飛機昨有投效中央者，命代擬傳單三種，以桂空軍來歸者之名義發表。

十一時歸寓，關君楚璞來訪。此君為國家主義派之健者，今任香港循環日報撰述，文字極優。十二時葛、張二秘書及省吾到粵，以粵漢車在柳州南出軌，故遲遲始到。午後小睡三時起，天熱甚，揮汗不止。核閱文電七、八件。汪荻浪、蕭乃華來談，五時至賓館，陪關楚璞進見，並請示黔省府事。在彼晤桂飛行隊長鄭澤湘，衣履質樸，殊見精神。六時卅分回寓。夜陳其尤、蕭同茲先後來談，葛武棨、蕭化之亦來談。改定桂空軍發表文件三件，張劍鋒所擬也。疲倦之極，不能作事。十時卅分寢。

8月16日　星期日　晴、甚熱

晨三時醒，起坐半小時再睡，至六時卅分起。昨夜僅睡三小時不足。

廣州天氣甚奇特，今晨余六時餘起床，天甫大明，

在五時三刻時天猶未曙也。

　盥洗畢，著手起草明日應用之講演稿，自七時開始，直至十二時五十分始完畢。內容包括：

　（一）此次恢復統一之經過；

　（二）以後黨政之改革；

　（三）消極的除三害：

　　　　1. 貪污，

　　　　2. 煙賭，

　　　　3. 與民爭利；

　（四）奠立精神的基礎──禮義廉恥；

　（五）軍人應認識之要點；

　（六）中央與廣東之不可分性。

　各段性質複雜，布置先後甚費工夫。隨寫隨即交繕，全文凡六千言，既成視之，覺凌亂重複，仍不免也。午餐後小睡僅五十分鐘即醒。熱甚不能睡，遂起。改定桂空軍發表之宣傳文件三件，徐景唐、香翰屏二君來訪未遇，李登同（福林）先生約往天池鄉聚德園午餐，以病辭謝。今日致翁秘書長蔣處長一電，託代擬委員長雙十節（應字林西報之請）發表之論文。今日眼痛胸悶，疲困之至。夜無水洗澡，甚以為苦。十時寢。

8 月 17 日　星期一　大風雨

　晨七時起。昨夜大風，今日天氣轉涼。

　七時卅分到賓館，八時卅分偕錢主任同至中山紀念堂

參加黨政軍各長官聯合宣誓就職典禮。九時蔣先生到場，典禮開始，省黨部常委、省府主席、委員及綏靖主任、各師長以次宣誓受印畢，蔣先生致訓詞約一小時。黃主席慕松代表致答，十一時禮成。偕學素、武棨同車歸寓。校正講演稿，即交中央社發表。

午後劉沛泉（毅夫）君偕桂空軍司令林偉成、第一隊隊長寧明階兩君來訪，適外出未晤談。

午餐後接電話往見蔣先生，囑代擬桂空軍第二批來歸人員之通電等，交張秘書擬初稿。四時再去賓館，約周至柔來面交其接洽後發表。五時十分歸寓，遺失證章一枚，遍尋不可得。核閱來去文電二十五件，七時晚餐，夜核改補充講稿一篇。合益教育用品社張明瀓君來談，芝芳哥所介紹也。明瀓去後，養甫來訪，談至十時始別去。

今夜擬早睡又不果，十一時寢。

8月18日　星期二　　晴

七時十五分起。昨夜睡尚佳。

九時亦僑等自武昌到粵，據謂粵漢車自長沙開廣州約需四十八小時，但彼等由武昌來此，行三晝夜有奇，以沿途停靠太久也。發粵第五號家書。

核辦來去文電八、九件，摘呈函件四件，今日忽覺心跳胸懣，不解何故。陳其尤來訪，閱廣東財政概況，廣東經濟概況各一冊。又閱關於粵幣制改革之意見書四、五件。

午後四時到賓館一轉，簽呈委員長請約見陳耀垣、

鄧青陽及崔、李諸委員。遇慕尹於門首，約明日四時到賓館代為接見賓客。五時到退思園訪辭修，知劉為章有電覆程頌雲，有請中央撤回南下軍隊之語。白電程大意相同，知桂局和平絕望矣。

夜往養甫家，與立夫、養甫談約一小時。九時同茲來訪，託發楚傖一電。十時卅分寢。

8 月 19 日　星期三　晴、熱甚

七時卅分起。晨四時卅分蚊煙熄，為蚊所擾而醒。廣州之蚊，身小而不鳴，囓人不癢而痛，立夫謂其不告而誅，與他處異也。

核辦文件八、九件，近日因大風之後，電線有阻礙，故來電較少。

九時中山縣長楊子毅來訪。子毅民國十八年時浙民廳秘書，曾任寧波市長者。其任中山縣乃前年陳伯南迫走唐少川以後事，蓋子毅故中山人也。

十時往公安局訪李潔芝局長，談四十分鐘，覺頗坦直純厚。詎至四路總部訪徐參謀長（景唐）不遇，留刺而出。又往訪香翰屏君，亦未遇。十一時卅分往賓館見委員長，略談即歸寓午餐。午後小睡，約汪松年（大公報）君來談未果。四時往賓館代委員長見三人：一、葉夏聲；二、許崇年；三、李蔭軒（前粵軍新編隊指揮）。與慕尹君略談歸，整理物件，擬明日遷往黃埔。晚餐後批閱公文八件，往新亞酒店訪王德溥君（潤生）。擬發私函數緘。

十時卅分寢。

8月20日　星期四　晴、熱甚

晨七時卅分起。昨夜不能睡，看書至十二時卅分始入睡，又感睡眠不足。

八時卅分李煦寰（彥和）處長及李潔芝局長來訪，旋蕭同茲君來談。九時作函，分致辭修、立夫、養甫諸君，告本日遷居，並囑葛秘書留住廣州。囑學素往訪孔分局長秋葉，送去國幣百元，犒賞警士及僕役。摒擋訖，十時卅分偕學素等渡魚珠碼頭，移居於黃埔長洲要塞司令部，此為民十四蔣先生訓練士兵時所居之室也，今頹然現故老之色矣。各組人員紛紛遷入，布置居室，殊覺囂擾之至。今日始接十一、十三兩日家書。

午餐後慕尹來談，核閱文件十一、二件畢，思小睡不可得，又無心作事，殊徬徨。改定紀念廖先生講演稿一篇。

傍晚偕學素出外散步，向東行，經小鎮，有民居小店百餘家。入海軍公園游覽片刻，循堤歸。望隔江山色，與堤邊碧樹相映，景色殊鮮妍。夜作私函數緘，十時睡。

8月21日　星期五　晴、午後風雨

七時卅分起。近日耳內作痛甚劇，今晨更甚。

核辦文電十餘件，十時教導總隊第二團團長胡純之（啟儒）君來訪。十一時陳辭修偕黃強來訪談桂局，約半

小時去。十一時四十分聞委員長昨晚曾約余往談，聽電話者誤為錢主任，故未通知云。遂去海關官邸往見，適蔣銘三、俞樵峯、陳辭修均在彼，會談一小時許偕至校本部參觀，一時卅分偕同午餐。二時大雨，二時卅分冒雨而歸。

午後核閱來去電七、八件，又閱來文卅七件畢，時已四時，就枕小憩，熱悶不得睡。五時冷水洗澡，偕學素出外散步，越要塞司令部後之小山，過鎮市，再入黃埔公園小坐堤岸上良久始回。六時委員長來余等所居之處，視察一周而去。夜荻浪、乃華等來，與學素納涼閒談。十時卅分寢。

8 月 22 日　星期六　晴、熱悶

七時卅分起。昨夜睡眠又不佳，學素言近日天氣又轉潮矣。

核辦來去電十八件，又核閱來文二十餘件，多數為陳述粵省政腐敗及請求工作者。因自十八日以前，四組人員未到，積疊甚多，近日始清理也。

閱關於日本外交動向轉變之論文四、五篇及蘇俄與中共消息五十餘則。又搜羅關於粵省幣制改革之參考文件，至十二時始畢事。天氣悶熱異常，胸腹漲懣不舒。午餐後小睡僅二十餘分鐘即醒。亦僑自廣州回，知李幼椿到廣州。四時王德溥君及中政校畢業生葉鳳生、鄒志奮兩君來訪，談約卅分鐘而去。

六時冷水洗澡畢，與學素出外散步；過小鎮，見有

陳瓜果綵線而祀於庭者，詢之，則云明日為乞巧日，先期設祭也。遇大雨，淋漓而歸。

夜接電話，冒雨往官邸見委員長，談二十分鐘歸。十一時就寢。

8月23日　星期日　晴、熱悶

七時四十分起。昨晚睡不酣，晨起覺頭痛異常。

核辦文電六、七件，發廣州市各報館函，通告以後關於委員長之起居言動諸消息，非經中央社發表一概請勿登載。又通知省黨部，明日出席紀念週，代擬答覆合眾社記者提出之問題四則，交古秘書譯成英文發表之。

午餐時程頌雲、朱益之二先生及唐參謀星（字天閭）來談，鄧世增等去桂後李、白態度仍極堅執，提出要求四項，多屬節外生枝者。旋辭修亦來談；三時季寬來共同研究，至五時，諸君往見委員長，余未去，擬起草某項文件，熱甚，不能用心，至六時仍未就。核閱來文及電二十餘件，無十分緊要者。七時委員長約往官邸晚餐，食有名之黃埔蛋，子安同餐，餐畢，已九時，遂歸。十時卅分寢。

8月24日　星期一　陰晴、傍晚雨

七時十五分起。核辦文電八件畢，始進早餐。

八時偕亦僑渡江，先至養甫家訪立夫，九時同至中山紀念堂參加擴大紀念週，蔣先生親臨講話，題為「造成

新風氣」，十時卅分完畢。至東昌大街一轉，十一時仍渡
江回黃埔。擬就新聞稿一則，係關於桂局者。十一時陳耀
垣、鄧青陽、詹菊似、李綺菴、崔廣秀來見蔣先生，陪同
進見。十二時送至碼頭而歸。

　　午後二時蔚文、銘三及衛俊如、黃璞持諸君來談，
三時大公報記者汪松年來訪，四時應召去官邸，陪同李幼
椿、左舜生、張瀾洲等見委員長，並晤何熊二主席。四時
五十分李、左等同過余處，適居先生及蕭同茲亦來談。五
時李、左去，核改本日講演稿一篇；與居先生談香港情
形，知蕭佛老處居然有人活動。六時居先生去，核辦文電
卅餘件。七時卅分晚餐。夜與同茲長談。八時卅分洗澡，
閱上海、香港報，九時卅分寢。

8 月 25 日　星期二　晴、下午熱

　　七時四十分起。昨晚頗涼，且服藥一片，睡眠達八
小時以上。

　　核辦來去文電三十餘件，中有閻主任長官一電，報
告日人壓迫綏遠情形甚詳。

　　擬告桂省民眾勿收用桂新發紙幣之傳單，此件曾交
張秘書起草，以太長，且太文，不能用，故改擬之。此等
文字，余亦非所擅長，總不能做到簡單直截，使人易讀、
易解、易感耳。

　　今日覺胸中煩悶不舒，向午陽光直射，室內氣溫增
高，午後三、四時尤悶熱，無意工作。

劉漣漪君來談約半小時云，以黨務工作必須請示於蔣先生，而蔣先生實無暇，婉詞謝之，甚費唇舌。

接賀參謀長電，成都敬（二十四）下午群眾游行，斃日人二、傷一人，即呈閱，並電劉主席詢問。

傍晚仍熱悶，洗澡後偕學素出外，登屋後小山散步久之而歸。接航空報及航函數緘，獨無家書，想地址誤書矣。

八時卅分往海關官邸見委員長，侍談卅分鐘而歸。今晚委員長似有深思，知時局緊張複雜中其憂勞甚矣。

十時卅分寢。一時後始入睡。

8月26日　星期三　晴、熱悶異常

晨七時五十分起。昨晚睡眠甚不佳。

今日委員長往遊羅浮，本欲邀余偕往，余以尚有待擬文字，遂未隨行。

久不得家書，盼念無已，今日連得十八、廿一、廿三所發三函，知明、樂已考入山西路小學，明入三年級，樂入二年級，甚以為慰。泉兒亦來函，言正在作稻麥外皮中含礦物質定量之研究，並搜集關於混合食物之參考材料。

核辦文電十五、六件，午後又續辦五、六件。今日天氣悶極，幾至不能工作。立夫來談甚久，正午去。午後小睡僅卅分中即醒，修改講演稿三篇，其中空軍一篇修改較多，費一小時餘。

五時卅分渡江到廣州，以余主任及黃主席今晚在省

府會宴也。先至東昌大街九號一轉，六時卅分約立夫同到省府，同席者二十餘人，芸樵、天翼首座，八時五十分畢。約蕭同茲兄等到東昌大街小坐談話，九時卅分蕭等別去，余以時晚，遂宿廣州。十一時卅分寢。

8月27日　星期四　晴

七時卅分起。昨晚以蚊煙中熄，睡至四時，為蚊所擾而醒。

八時孔分局長秋葉來談，覆私函數緘後，九時卅分到魚珠碼頭渡江，仍返黃埔。核辦來電十八件，送中央社發表消息一則。成都事件今日始得劉主席之報告，掩蓋過失，痕跡顯然。午後續得來電，謂吳澤湘已到蓉調查，正在討論如何使交涉便利之方法，想見其「中無所主」之狀態為可憐也。

閱報載桂方宣傳消息，其態度日見險惡，倒行逆施，恐將無所不至矣。

午後續辦電報七、八件，桂軍有已進攻廉江縣之消息，唐式遵來電請討伐，迎合之技工矣。

五時天氣轉涼，偕學素外出散步，向東行，經下村莊過蝴蝶崗，翻小山，經濟深公園，循山徑而歸。約行五里餘，甚暢適。七時洗澡晚餐。夜未作事，十時就寢。

8月28日　星期五　上午雨、下午晴

晨七時卅分起。連日早晨均嗜睡，但室外喧擾，只

得強起。

午前下雨，天氣潮濕，微覺骨酸，且有心跳之徵象。文電絡繹而至，勉強辦理至十時尚未完畢。又因委員長在山上未歸，只得將若干電報先行辦出，補送核閱。以綏境緊張，成都又適有毆斃日人之事，文電特多，直至午後一時始辦完，覺疲倦之至。

以居室太陰暗，不透氣，推擴後廊一部為外室，將南窗之紗窗盡除去之。木工喧擾殊甚，遂未午睡。四時卅分聯華影片公司經理羅明佑君來訪，談電影宣傳事。又蔡哲夫君遣其婿來貽余摺扇一柄。方之自京來粵，竟有以隨行為樂者，奇事。五時卅分委員長回黃埔，即往報告兩日來之公事，回室再辦去電五件。六時出外散步，登小山游覽四十分鐘而歸。

夜核辦去電十一件，天氣較涼爽，頭腦亦覺清鮮許多。十時卅分就寢。

8月29日

晨七時卅分起。昨晚睡頗佳。

核辦文電十五件，閱滬津各報輯存參考材料，覆滄波、思平、蔡哲夫各一函，發八號家書。

十時卅分渡江去廣州，訪王亮疇先生，值外出未晤，至劉紀文君小坐，晤伍智梅君，談粵中黨政及新聞界各事，伍君談吐雋爽，對粵中情形極熟悉，可謂名下無虛，十二時仍渡江歸黃埔，居、程、朱三先生來午餐後同謁委

員長，談桂局，聞劉為章及李、白均有電致頌雲先生，自白無他，故居先生等仍擬作邕寧之行，談至三時辭出。

四組送來函呈等卅餘件，一一核閱之，殊覺費事，至五時卅分始畢，今日未及午睡。

六時到官邸，陪同王亮疇、魏伯聰談話，謝宜邦君亦來謁委座，與亮疇先生研究歐陸外交情勢甚久，即留晚餐，八時五十分始歸，核發去電八件，並閱有關文件，十一時卅分寢。

8 月 30 日　星期日　晴

晨倦甚不能興，睡至八時卅分起。以昨為蚊擾，且患骨痛也。

本日委員長約集四路軍與中央軍團以上軍官在校本部舉行紀念週，余以疲甚未參加。正午會餐，委員長再度訓話，極懇切。羅子雯（霖）、陳貴三（光中）兩師長來訪均未晤。

午前決休息半日未作事，閱雜誌三冊，對近週之國際大勢綜合研究之。

午後核閱四組來去文二十餘件，汪秘書來談，旋吳壽彭君來訪，談編輯委員長言論集之意見。吳君以為應有一選粹之集出版，以不逾五十萬言為度，其言甚當。

核辦來電十餘件，去電九件。接翁詠霓來電，詢外交事，即擬呈委員長，並先覆。

六時偕學素出外散步，游仲愷公園，讀何敘甫所撰

之東江陣亡將士碑，七時歸，知委員長約談，即往見之。
命擬致李、白一函，交居、朱、程明日帶去。八時晚餐，
餐後擬呈。十時委員長來侍從室視察一周。十時卅分寢。

8月31日　星期一　雨

六時五十分起。昨晚睡不佳，骨痛大作。

十時卅分到官邸一轉，八時渡江，至東山訪居覺生
先生，面交委員長親筆致李、白函，託居先生等攜去。旋
與立夫偕至程頌雲總長處送行，時天雨如注，但頌雲先生
謂稍霽即可飛行，仍決往機場，其熱心奔走和平殊可感佩
也。出程宅後到退思園訪辭修，知粵軍反對李欽甫事已緩
和。十時偕辭修、立夫同至天河機場送三先生行，知以天
雨不能起飛。在空軍司令部內略坐，晤林偉成君。十時卅
分至東昌大街，改定講演稿一篇，與蕭同茲君接洽宣傳
事。十一時卅分渡江歸黃埔，覺骨酸神疲，且有微熱，午
後小睡一小時，以骨痛而醒。核辦文電二十一件，又閱來
電八件，來文九件。

夜化之送來關於國際情勢報告四件，閱後歸還之。
來廣州已二十天，身體又覺不支，大約余平均兩星期必小
病一次，半年來均如此。

久不得大哥來書，今日始接其二十七日所發一函，
謂暑期內每日有微熱云。十時卅分寢。

9月1日　星期二　陰、午後晴

八時起。

修改委員長星期日對校官以上軍官訓話紀錄稿一篇，題為「我們要做現代軍人」。此一篇講話，其態度之懇摯與感情流露之真切，與去年在成都對中央軍校講話相頡頏。核辦來去文電十六、七件，又複閱四組所辦函稿等七、八件。董抗來訪，六弟所介紹也。

本日程頌雲總長等由廣州飛南寧，以中途天氣惡劣，二時許又折回。桂局和平之望本已甚少，今程君等行程屢次延阻，其難如此，迷信者將謂此中有天意焉。

今日骨痛發熱，口苦頭痛，午餐不思食，僅服麥乳精一杯而已。

午後微熱仍不退，大公報記者汪松年來訪，強起酬對，談時局約卅分鐘而去。

晚餐時勉強盡飯一碗，夜無事，閱報作私函數緘。九時卅分寢。

9月2日　星期三　雨

八時卅分。

微熱至清晨始退，但頭痛不止。

核辦來電及文十三、四件，接航郵寄來日報自二十八至九月一日，略為批閱，至十時卅分畢。

十一時往官邸見委員長，承命撰擬某項文字，十二時歸。接卅一發第六號家書，午後天時又鬱熱異常，幸昨

晚睡眠已足，精神略見恢復矣。

續辦去電及四組文件十五件，張外長來電，言成都事件日人尚未提出交涉。

三時蕭同茲兄偕中央分社長梁乃賢來訪，同茲來粵已將一月，定明日歸去，特來話別。予此次到粵，關於宣傳方面與同茲接洽為多，覺其穩練周密，態度安詳，洵同志中不可多得之才也。覆大哥一函，又覆滄波一函。

晚餐後洗澡畢，與學素閒談久之。委員長挈緯國來視察一周。十時卅分寢。

9月3日　星期四　晴、熱甚

晨八時起。昨晚睡眠不佳。

核辦文電十二件，複閱四組文稿六件，閱國聞周報兩冊。

為林偉成等擬告桂省民眾及將士書傳單，自十時至十二時卅分完畢。委員長招往官邸，囑將手書禁煙禁賭紀念題詞製鋅版送各報刊登，即交蕭乃華君代辦。午後熱甚，且無風，鬱悶之至，不能作事。

閱獨立評論兩期，作私函數緘。核辦續到文電十一件，近日來電漸少。

五時，四川省政府駐京代表邱秉彝來訪，談成都事件，語焉而不甚詳。

六時卅分過江到廣州，七時至空軍同樂會，應辭修參謀長之宴會。到者八十餘人，在粵各機關長官及各地來

粵之軍政負責人員幾全到，九時歸東昌大街宿。

9月4日　星期五　晴、熱甚

晨七時卅分起。昨夜以室外嘈雜，睡不甚佳。

早餐後至惠愛西路購鞋二雙，即至魚珠碼頭渡江回黃埔。

核辦文電十六件，陝西有省黨部與總部間之糾紛。互信一隳，即挑撥之言隨時可入，滋足懼也。考慮良久，擬覆電稿呈核。十一時徐可均君來訪，談南京情形及粵中近事約卅分鐘而去。午後熱甚，揮汗不止，今日似為十日來最熱之一天。

午睡四十分鐘即醒，續辦文電十餘件。川事（成都案）交涉有嚴重化之趨勢。三時汪松年君來談，旋新檢所黃主任錚（字鐵中）來訪。黃去後胡宗南師長來訪。為委員長擬談話稿一則，並代覆蕭佛成一函。五時往官邸，居、程、朱三先生自桂回，偕黃、余、陳同來，報告桂方接洽經過。桂所派劉高級參謀亦同來謁委員長，居先生等並攜來李、白親筆函，語氣懇切，似和平解決不無希望。七時歸侍從室，夜發楚傖、鐵城電。十時卅分寢。

9月5日　星期六　陰晴

晨七時卅分起。

昨夜半大雷雨，今晨氣候轉涼。

八時卅分到官邸一轉，奉命渡江往訪王亮疇先生送

行，蓋王先生午後即赴香港也。順道至梅花邨訪立夫，又
往訪覺生先生談桂事。覺公意宣傳上以平淡為宜，旋至東
昌大街，作函一緘，囑武棨送交民國日報社李伯鳴君，
十一時卅分乘輪渡江歸黃埔。午餐後核辦文電二十餘件。
三時汪松年君來訪。三時卅分至校本部與益公及辭修商發
表談話事。四時到官邸招待各大學校長。到者中大鄧教務
長及文、理、工、醫各院長，國民大學吳校長、廣州大學
金校長、嶺南大學鍾校長。委員長對諸人陳述整頓教育之
意見，五時卅分散，承命擬談話稿一則，夜八時卅分脫
稿，即送核並拍發。呈林主席致翁秘書長各一電，為更調
李、白、黃（季寬）三人任命事。並電楚公報告，十時卅
分寢。

9月6日　星期日　陰、有風

晨七時卅分起。

今日天氣涼而有風，氣候潮悶。

八時卅分委員長招往談話，命擬致白健生覆函，並
交下閱定之談話稿，即函送朱、程諸公發表。歸侍從室核
辦電文二十餘件，適路透社遠東總社主任張氏 Chancellor
攜蔣夫人函自港來見，謂甫自日本歸，願委員長一見之。
十一時偕同往見，談卅分鐘而出。張蓋代表香港總督
Caldecott 來致敬意者。謂近來日本朝野英日同盟復活說
再熾，而英國願與統一的中國攜手云。

午後擬致李、白函稿畢，精神頗感不支，小睡又覺

骨痛，甚不適。張劍鋒以妻病請假回籍。

接私函數緘，多為國民大會選舉事而來請託者，余何能過問此等事乎。

夜閱委員長十四年年譜，當時環境之艱難，歷歷在目。

擬早睡，戶外聲雜，十一時始睡。

9月7日　星期一　雨

晨疲極嗜睡，八時卅分始起。

九時卅分委員長自虎門返黃埔，以電話招往談話，詢昨日下午所得之電訊等，並命送居先生旅費，又對專科以上學生就業訓導班事有所指示。

核辦文電十餘件，孫院長有來電，主張國大代表候選人審委會應擴充名額。

午後一時囑蔣會計過江攜款送居先生，聞居等明日均將北返矣。

陳辭修參謀長來談，攜示委員長覆李、白函，即錄稿於別冊。辭修對桂局和平之觀察，謂決無變動，且有雙十節舉行國防會議之擬議，則我等歸期不遠矣。辭修言次似謂此次桂事曲折太多，徒耗精神財力，仍未澈底，余謂國家無形中保全不少力量，此即中央精神上之勝利也。辭修謂君之言論，終是忠厚人本色，今天下洶洶，意氣是競，殊亦應存此一格，友朋中所以重君者在此也。

晚餐後錢主任與蕭、古閒談，余亦加入，上天下地，另有一種氣象。十一時寢。

9月8日　星期二　晴

晨五時卅分醒，六時起。

作家書數緘，致四弟及細兒、阿樂等，致細兒一函較長，以其初作教師，感覺新環境之不慣，故為之解釋，並告以補救之方法。

核辦文電約卅餘件，今日來電不多，唯第四組來文擁擠，蓋昨日未送也。

九時卅分立夫來談國民大會代表選舉事及專科以上學生就業訓導班事。

十時五十分偕至官邸，適來客甚多，銘三、芸樵、樵峯、天翼、辭修均在彼，俟諸人接見後謁委員長略談即歸。委員長欲立夫擔任訓導班之訓育主任，而以健羣副之。午後小睡，有極複雜之夢境。近日腦筋又感疲勞。續辦文電十餘件。夜委員長邀往晚餐，餐畢坐庭院中閒談一小時。九時卅分歸。發電五件。洗澡就寢已十一時矣。

9月9日　星期三　陰晴、下午大風雨

八時起。

天氣悶熱潮濕，氣壓甚低，骨痛不止。

九時省黨部舉行首次起義紀念，余以小病未往參加。委員長出席後往游從化，午後五時始回。

核辦文電二十餘件，內有一電自比京發來，為陳真如所發。自謂出席世界和平會議，對冀、察、綏東事甚憂急，請一致對外，願認斡旋桂方等語。

　　複閱委員長講演稿三件，覺蕭速記自誠近來頗有進步……講稿中對軍校特訓班訓話有二語紀之如下：「吾人要領導他人，先要做他人的奴僕；要人家聽我的話，先要我自己能聽人家的話。」此數語對今之青年可謂對症發藥之言。戴恩賽君來談。

　　午後三時天氣突變鬱悶，忽有乾雷數聲，其聲響之大為從來所未聞，繼遂下大雨，且有狂風，樹上青葉均紛紛吹墮。七時卅分委員長招去，詢本日消息，並面示廣州民國日報應改進之各點。夜十一時寢。

9 月 10 日　星期四　晴、午後陰

　　八時卅分起。

　　昨夜睡中多夢屢醒，三時許忽聞遠處似有砲聲四、五響。

　　核辦文電二十餘件，慶祥來，遞到俞代部長之報告，知到粵後來電遲到，有至九天始到之故。由於風災者半，由於人事者亦大半也。粵省諸務廢弛至此，安得不失敗。

　　關楚璞君自港來訪，談港商極希望委員長到港一游。又有請求兩點：

　　（一）對於轉口之港貨分別待遇，勿視為洋貨；

　　（二）保護華人在港經營之工業。

　　十一時卅分李伯鳴、陳淡霜兩君過江來訪，告以廣州民國日報應整頓之點，並為計劃改進要項：

　　（一）縮小篇幅，減少張數；

（二）集中新聞；

（三）充實材料；

（四）勿多用鉛條，使紙面稀淡。

兩君備言初接手時整頓之困難：

（一）經費領不到；

（二）工人習氣壞，不聽指揮；

（三）消息來源稀少；

（四）廣告客戶不懂事。

余告以應竭力設法改進之。

午後骨痛更劇，且覺發熱，起臥均不寧，勉強作事，毫無精神，至以為苦。七時強起晚餐，餐後以甚熱之水洗擦全身，稍覺爽適，仍患頭痛。八時五十分寢。十一時後始入睡。

9月11日　星期五　晴

晨八時起。

昨晚睡足八小時以上，晨起精神遂佳。

核辦文電二十餘件，由京中來電觀之，則北海日僑中野被害事件又成為一嚴重之交涉。

竺庭璋（現改名祝百英）君來訪，自謂在中工讀書時曾受教於余，然余已不復記憶矣。竺君曾游俄入莫斯科中山大學，俄文極佳，現任粵中山大學哲學系主任。同來者韓亮仙君，廣東瓊州人，亦留俄學生，皆蕭化之所介紹也。

午後小睡一小時餘，今日天氣爽朗，潮氣盡退，骨痛亦減許多矣。劉健羣、康兆民君來侍從室晤談，卅分鐘而去。審閱國民經濟建設之展望一文，即呈委員長核定。此文為行政院秘書吳景超所擬，預備寄刊於字林西報雙十節增刊者。傍晚至平岡散步卅分鐘。夜核閱「復興要道」之講稿完畢。此為一月間召集全國學生代表之訓詞，原文甚長，首尾五萬餘言，審閱一過，費十六小時，仍極草草也。十一時寢。

9月12日　星期六　晴

晨七時四十分起。

昨夜屢屢驚醒，未熟睡。

核辦文電十餘件，今日來電殊少，又核發四組所辦文電七件。

今日精神又覺疲憊，且患腹瀉，上午瀉五、六次，又覺有微熱，且骨痛，坐臥均不舒適，亦不自知係何症候，想由氣候不正而起也。

午後小睡約一小時，醒後覺熱已退，精神稍佳。核辦四組來文二十餘件。既畢，又覺頭痛。以明日為航快郵期，作第十三號家書，並覆孟武及芳芝兄函。

傍晚立夫來談國民大會選舉事，殊覺怪象百出，前途可憂。

夜接張外長來電兩件，報告日方對蓉案、北海案及所謂調整國交案之態度。綜合觀之，似必欲乘此時機，逼

我屈服或決裂。川樾已到京，星期一將開始交涉，此一、二日間乃安危榮辱之大關鍵也。擬嚴維秩序電令呈閱。八時往官邸，知委員長外出泛舟，遂歸。讀羊城古鈔，順德仇池石所輯者。十一時寢。

9月13日　星期日　晴

晨七時十五分起，今日晨起特早，呼吸為之一爽，仍感睡眠不足也。

核閱電文數件後，八時卅分即匆匆渡江到廣州訪友，作半日之游散，以舒疲滯之腦筋。首至東山訪何、熊兩主席未遇，出至梅花邨，遇養甫於途，立談卅分鐘，即往訪宋子良君，謝前日不能赴約晚餐。子良為余談整理粵財政之經過及困難，其忠厚誠摯之處，頗足感人。十時辭出，至東昌大街，約武棨出遊。先至黃花崗瞻禮七十二烈士墓，引起二十六年前讀神州日報紀事之回憶，徘徊久之。繼至仲愷、執信墓前憑吊，又往參觀燕塘軍校，經白雲山北校場而至觀音山。登鎮海樓之最高層游眺，時已十二時，即別武棨渡江歸。黃埔半日之游，殊使精神清朗，於此知蟄居悶坐之有損身體也。

午後核辦文電十六、七件。四時委員長招往談外交事，適天翼亦至彼，旋余崛奇來報告北海方面情況，五時卅分偕天翼同回侍從室，就外交及國內局勢，研究最近可能之發展，均認為目前時局非常嚴重。七時天翼始別去。夜委員長再約往談，命禁止工商日報入口，即分電余主

任、黃主席執行。起草某項文件，以端納來談，打斷工作，遂未完成。十一時寢。

9月14日　星期一　晴

晨六時十五分起。

昨夜悶熱，為到廣州後之第一天。二時後始入睡，僅睡四小時而已。

起草關於指示外交方針之文件，自六時卅分起至八時卅分完畢，即交亦僑、省吾等分繕，至九時五十分攜往呈核委員長。又有補充二案交下，遂歸侍從室合併整理之。至十二時完畢。核閱來去文電八件。今日熱甚。

午後小睡一小時，俺痛甚，請陸醫官來敷藥，並注射 ERUGON 一針。

核閱四組來去文二十餘件，又辦發並摘呈電稿十件，至五時工作始畢。熊天翼來訪，以所整理之件與之商酌，並談國民大會等事。六時卅分到錢慕尹宅，在庭中晚餐。八時偕天翼過江，為外交件擬訪公權商之也。先至天翼宅，談至十時卅分，知公權已回，遂往農林四路李宅訪之。互相研究，直至十一時始畢，遂回東昌九號寓宿焉。

9月15日　星期二　晴、熱甚

晨六時醒，六時二十分起。

昨晚幾於竟夜未眠，自一時朦朧入睡，至六時凡驚醒七、八次，以室外聲多也。

　　將昨日公權所談對日交涉之意見筆錄一份，函寄張外長，因今日委員長特派葛秘書攜交涉意見飛京，交張外長備與川樾折衝時作參考也。八時卅分偕葛秘書過江謁委員長，將所預備之各種書件最後呈核後，即交葛秘書於九時卅分飛京。

　　九時回侍從室，擬覆龍志舟函一件，核辦文電二十餘件，擬武漢分校第一期學員畢業訓詞一件，不及呈核，遂電拍發，一時始進午餐。餐畢，居先生來訪，談桂事、北海案及憲法等約一小時而去。方擬小睡，蕭自誠攜所擬國民經濟建設運動粵分會訓詞之初稿，略一審核，覺不妥之處太多，乃為詳細改削，直至五時始畢。即將所改稿呈核。核改甫畢，張公權來辭行，談二十分鐘而別。旋沈鵬飛、嚴直方兩君來訪，又周旋約一小時。嚴君熱中干進之懷，現於詞色。

　　七時卅分委員長邀往談話，交下粵省預算，囑先審閱，予受之而歸。順便以身體不支之實情告，並請給假一日。蓋以三日無好睡，而今日之工作又特多，實覺疲憊萬狀矣。夜九時卅分就寢。

9月16日　星期三　晴

　　七時十分起。

　　昨夜睡眠仍不暢，以臀部注射處常作痛，因而屢醒。

　　今日感疲倦特甚，除例行應辦之件外，均暫置之。擬作一日之休息，對訪客亦均拒絕。蔣堅忍君來訪，以病

辭之。以行營委令兩件寄香港關、張二君。

接京電，知川樾往外部談話，果不出須磨所談之七項，而蓉案則尚不重視，然彼所注重之華北政權，共同防共，與滬福聯航均我方所難以承認者，交涉之僵可知矣。北海翁部仍未撤，而日海軍中人之主南進者已躍躍欲試，情報所得，現狀殊險惡，那得不憂。

午前後核辦來去電約三十六、七件，實際上仍未休息。閱日本當代人物誌（外部亞洲司編），所搜羅者不滿百人，殊不甚完備。日人之姓名譯音最難記，如石射、石井同音，永野、長野同音，喜多與北（一輝之姓）同音已極難辨，而小川曰 Ogawa、小林曰 Kobayashi，同一小字有兩種譯法，非懂日文者真不能推解而得也。

與慕尹主任談，至十一時始就寢。

9 月 17 日　星期四　晴

晨七時卅分起。

昨晚天氣甚涼，可蓋薄棉被。

核辦文電二十餘件，張外長昨連來二電請示交涉方針及對北海案如何答覆之措詞。又孔副院長及翁秘書長亦均來電，對某事請求讓步，但委員長之意，以為應照原定方針進行。十一時卅分招往談話，即將各電呈閱。奉面諭授以覆電要點，歸即分別電覆之。立夫、健羣二兄來談，午餐後去。午後續辦文電廿餘件。近日來函及呈文多極無聊者。

　　本日午後一時程頌雲先生等自邕來粵，李德鄰、黃
旭初亦同來。委員長今晚宴港都Caldecott夫婦，故須明
日約談也。今日郵航班仍不接家書，自九日接函後，已八
日不得信，繫念無已。

　　夜方之兄來談良久，方之去後，整理文件歷二小時
始就理，已十日不清理矣。十一時就寢。

9月18日　星期五　晴

　　晨七時即起。

　　昨晚睡極不佳，凌晨醒，猛憶今日何日，遂不能再睡。

　　核辦文電二十五、六件，南京來電，均以日方堅決
要求上海、福岡間聯航案，幾乎此事不允，即不必談他事
也者。張、何、孔、翁均有同樣之電請示，委員長均未允
通融。

　　十一時接官邸電話，往謁委員長，命擬關於撤退翁
部之談話稿，以不明迭次下令之日期，乃往林蔚文先生處
查詢，並商內容，談卅分鐘歸。

　　祝百英君來訪，貽余象牙筯四枝，鐵觀音兩盒。午
後小睡，以頭痛未成眠。

　　續辦來電八、九件，擬就談話稿後，適委員長邀往
談話，即以稿呈核，奉諭可暫緩發表，但應電告張外長，
以翁部如不撤，決用武力驅除之。王傳麟科長自京到粵來
訪，談審核預算手續，為介紹於宋廳長，談約卅分鐘去。
接家書第九、第十號，甚以為慰。

傍晚偕學素外出散步，歸時覺腿酸發熱，試手掌則
熱甚，晚餐後洗澡畢即寢。

9 月 19 日　星期六　晴

七時卅分起。

連日早夜極涼，凌晨殊貪睡，不能早起。

核辦文電三十餘件，張外長有兩電極重要，提先摘
呈。以久不理髮，今日呼侍從室之理髮師為剪短之。洗沐
一過，覺甚爽適。十時俞寰澄君來訪，十六日自武昌動
身，以粵漢車中途遇阻，今晨始到也。十一時偕謁委員長
接洽審核粵預算之工作，余即請示對張外長之覆電要旨，
十一時卅分退。偕寰澄同行至行營訪熊經理處長仲韜，談
至十二時一刻歸，侍從室午餐，餐畢續辦文電十餘件，發
致張外長電，事畢已四時，疲極小睡起，修改文字一篇，
寄菲島中國學院刊登「菲律濱之中國人」。

六時，黃旭初主席偕劉參謀為章來訪，寒暄約二十
分鐘別去。與慕尹同餐，且餐且談甚有味。八時應委員
長之招往談卅分鐘而歸。對國大選舉事擬補救意見。
十一時寢。

9 月 20 日　星期日　晴

七時十五分起。

八時渡江擬專訪李主任德鄰與黃主席旭初，以彼等
來粵三日，余尚未往候也。在對岸遇王傳麟之車，乃邀與

同乘，至東昌寓舍，商談粵省預算事。

九時至梅花邨訪李、黃，自民國十八年湯山一別，不見李德林者七年矣，握手相勞，見其精神猶昔，而豐腴勝常，略談二十分鐘辭出。再至東昌寓，與王君談，並為作介紹函。十時到天河機場送李、黃二君赴邕。機行後，與立夫同至彼寓，談國民大會選舉事。旋往視養甫之病，知所患腿疾已癒，十二時渡江歸。

知昨日漢口又死一日警，接外部三要電，即往謁委員長面呈，適黃季寬在彼，商桂省府以後之組織等事，遂留午餐。餐畢，仍歸侍從室。委員長對外交形勢險惡，似不甚措意，其意志非常堅定。午後十二時就枕小睡，心煩不寧。三時十五分起料理文電十餘件，今日來文不多，向晚悶熱殊甚，無心作事，讀羊城古鈔一卷。

夜深擬國民體育學校速成班訓詞，擬寄刊於該班同學錄。十時十五分脫稿。十時卅分睡。

9月21日　星期一　晴

八時二十分起。

昨夜服藥一片，睡八小時以上。

今日為朱執信先生殉國十六週年紀念，又為虎門執信紀念碑揭幕禮，予以晨起已遲，遂未參與。聞委員長以八時卅分往壙場致祭，百忙中不忘舊誼可念也。

張外長又來兩電：一報告許大使來電，謂海軍省確有佔領海南島之意，有田以去就力爭而止；又一電謂日方

堅持須首決聯航及減稅，否則視為無誠意，談判即告決裂云云。九時持往官邸請示，歸擬覆電二則。第一電十時發出；第二電十二時奉核定，午後一時發出。

午後接辦文電二十餘件，今日來文雖不多，而極難辦，甚費心思。戴雨農君來談，謂鄒韜奮有悔悟之意。二時假寐，至三時起，仍極思睡，不解今日何嗜眠至此也。五時卅分王傳麟君來談，陪同見委員長，談預算事。六時五十分歸晚餐。夜慕尹閒談久之。十時卅分就寢。

9 月 22 日　星期二　晴

七時起。

昨夜睡眠亦佳，但有極離奇之夢，當是心神不寧耳。

八時偕錢主任慕尹渡江送覺生、頌雲諸先生回京，立夫今日亦同機北上。先至天河機場，知不在該場起飛，乃改往白雲機場，則機身已將開動，我等適趕及送行，然已為最遲到矣。九時卅分到東昌寓，與俞、王二君談粵預算事。十一時渡江歸黃埔，核辦文電七、八件。漢口案日本藉口誣蔑，力圖擴大，形勢極險惡。午後續辦文電二十餘件。甘麗初（93D）、李延年（9D）兩師長來談，約卅分鐘去。

二時小睡，至三時起。丘與言君來談，擬從事實際行政之工作，並談辭修行止。

發私函數緘，並發十六號家書，近日憂心如焚，亦不復計及歸期矣。羅卓英軍長招飲，亦婉卻之。夜七時往

見委員長，報告對於外交問題之所見，承命擬覆張外長一
電，即發出，思之潛然欲涕。

9月23日　星期三　晴、熱甚

七時十分起。昨夜又睡不甚佳，骨痛易醒。

核辦文電二十餘件，行政院各部會長昨聯電促委員
長歸京，今日孔副院長亦來電請歸京主持，均奉批「閱」
字，但對余言：此間事畢，則歸京耳。

向午悶熱異常，約當在八十七、八度以上，直至午
後六時如此，至感不適。

以心思煩亂，不能作事，檢親友來札，一一覆之，
凡七、八通。午飯後小睡，以漢口案，有擴大趨勢，憂思
無已，未入寐。三時，中宣部科長李鴻音（由孚，河南
人）來訪，談廣州民國日報之改進要點，及廣州日報情形
約一小時。李君去後，梁乃賢君來談桂事，及中央社與粵
報界聯絡情形，約一小時半而去。談話太久，極感疲倦。
客去又續閱去文十餘件，來電五、六件，核閱行政院寄來
之紀念論文一件。

晚餐畢，委員長來侍從室，命予同往散步。旋同至
官邸，侍談甚久。見委員長從容鎮定，對國內政治等仍從
容處理。略談外交形勢，亦不如京中諸人之憂急無措，但
微窺其意，當亦以大計無可諮商為苦。歸後發一電，致張
外長，謂何妨推選一人來粵面陳也。與學素略談。十時卅
分就寢。

9 月 24 日　星期四　晴、仍極熱悶

七時卅分起。昨夜睡稍佳。

閱報知昨晚八、九時，上海吳淞路海寧路又發出一日水兵被殺案。如此事變迭起，想其背景複雜，非交涉讓步所能緩和矣。十時，接公權、庸之兩公來電，均謂係日本激烈派所為。核辦文電二十餘件。張外長報告昨與川樾談話情形，結果極惡劣，原電呈閱。

十一時往官邸，見委員長，以張外長兩電及孔張兩電呈閱。委員長謂：日人舉動當仍以威脅之意味為多，然我亦不可不為之備也。向午又悶熱異常，午後尤甚。

午飯後續辦文電十餘件。三時譚常愷君來談其在湘服務經過等，約一小時餘去。

傍晚五時卅分王雪艇。吳達詮兩部長及高宗武司長由京飛粵，同見委員長，談至七時卅分始去。今日發出私函八、九件，皆積久未覆者。夜九時許委員長來侍從室有所命而去。與錢主任談時局，可憂之至。燈下核閱委員長年譜稿十四年者三冊明日寄京。十一時卅分寢。

9 月 25 日　星期五　晴

晨六時醒，六時卅分起。殊感睡眠不足。接家書十一、十二號。

接張外長電，以須磨間接表示，如我可不續提五點，仍願繼續談判云云。原電呈閱。

七時渡江到市府賓館，年譜稿託金誠夫寄毛勉廬先

生。訪吳、王兩部長，略談即同至魚珠碼頭過江，來見委員長，談對日問題之決策，均以為結果必惡化，應有準備。談至十時五十分去。承委員長命覆張外長電，告以我所提五項，與彼所提各點有密切連帶關係，如彼只允談彼所提，而不許談我之五項，則交涉即賡續亦無益云云。

　　十一時譚禮庭及林友松兩君來訪，又俞寰澄、王傳麟兩君來談，審核粵預算經過。午餐後續談至三時始去。俞、王去後，正擬小睡，而高宗武司長來談兩星期來與日折衝之情形甚久。以委員長約晚餐，遂留其不必回廣州。

　　核辦要電七、八件後，即偕之出外散步，至黃埔公園仲愷公園游眺久之。宗武謂：「黃埔島清雅如此，我們的國家實在可愛。」

　　七時偕往謁委員長，吳、王兩部長亦來談，晚餐後別去。侍委員長月下談時局久之。九時回，憂思百端，與慕尹談甚久。接四弟來函。十一時卅分寢。

9月26日　星期六　晴、稍轉涼

　　晨六時卅分醒，疲甚，再睡至八時起。

　　昨晚睡不甚佳。

　　八時卅分到官邸，本擬渡江送吳、王行，嗣知高司長已來謁見委員長，想臨行亦無他接洽之件，為時已促，遂亦作罷。閱報知滬日水兵撤退，形勢略緩和，此或日方內部意見尚未一致，故先從統一內部入手也。

　　核辦文電二十餘件，今日來電較少。居亦僑、金省

吾均病，延方之診之，云是副傷寒。

十一時謝作民君來訪，談僑務局進行之困難，希望擴充預算。聆其計劃，亦尚切合實際者，而徒誘過于經費，今之人大抵如此。

午後小睡起，應蕭秘書之囑，為改擬黃埔中正小學募捐啟一篇，續辦文電五件。與錢慕尹君談良久，彼以委員長命代辭修任行營參謀長，甚為鬱鬱。

夜整理書件，八時卅分委員長招往談話，約卅分鐘而歸。十時卅分寢。

9 月 27 日　星期日　　晴

晨七時卅分醒。昨夜殊涼，大有秋意，晨興可御夾衣矣。

久未整理書件，今將離粵，盡半日之力整理之。如理亂絲，使意緒棼如，想亦事務太繁所致也。核辦文電二十餘件，接吳市長寄來與若杉總領事談話，楊主席寄來與三浦總領事談話各一件，對照觀之，若杉之態度至為和平，而三浦異常橫蠻，則滬案與漢案之背景不同，乃大可翫味矣。為委員長擬覆港督德傑一函。

午後剪貼報紙材料，碌碌數小時未得閒。三時卅分與言君來談，約卅分鐘而去。五時俞寰澄、王傳麟兩君賫審核預算之意見書來談，殊苦其煩瑣寡要，與委員長交核之初意未盡相符也。核辦川財政預算案及行營對渝中行債務償還辦法各一件。既畢，覺頭痛甚劇。

夜往官邸見委員長，承命發要電三則：一、廣州可遇特別市待遇；二、黃主席特別事；三、財政人員貪污案依軍法辦理。另擬新聞稿一則。來粵月餘，明日將他行，望黃埔月色與江波相映，頗復戀戀。十一時寢。

9月28日　星期一　晴

晨七時起。昨夜輾轉不成眠，以明日行程所向為長安，為武漢，為江西，均不可前知也。

草草整理行裝，囑亦僑、省吾隨後北上，即與學素、維庸並摯訓清渡江。八時十分到中山紀念堂參加擴大紀念週，委員長臨別致勖，詞意異常殷切。八時五十分先行至天河機場，乘蓉客機飛南昌，九時廿五分起飛。同乘者委員長、汪、蕭兩秘書及侍衛員四、五人。機中無事，閱粵省府預算及官營事業收支概況。過贛州及吉安時，委員長均指點形勢以語余。

十二時卅分抵南昌，即至勵志社小憩。旋熊主席天翼約赴其家午餐，委員長擬勘視公路，由南昌至海會，擬由海會上牯嶺，囑余等逕上山。乃商於毛邦初君撥飛機二架送余等十八人至九江。余乘五號薩福亞機，學素、乃華、化之、傳遠、維庸及電務員二人同乘。

三時四十分起飛，四時二十五分抵九江。陳鳴夏、嚴慧鋒來迎于機場，乘慧鋒之車到蓮花洞。五時十五分換輿登山，過竹林窠，覺涼甚，加大衣一襲，仍覺涼氣襲人不可耐。

　　七時到牯嶺，即與慶祥、學素同宿圖書館。發電六則。十一時寢。

9 月 29 日　星期二　晴

　　晨十時卅分起。上牯嶺後，空氣澄鮮，氣候高爽，與廣州情形迥然有別矣。

　　核辦要電五、六件，關於外交者三件，原電呈閱。並審核粵建廳市府公安局預算。

　　十時委員長招往談話，攜孔、張來電往見，適委員長來視察廬山大廈，相遇於途，遂口頭報告大略。命擬致林主席等電，及為軍官分校事致林蔚文、陳生庭電，又承命擬談話一則，說明一星期內回京，送贛中央社發表。

　　正午熊天翼主席約午餐，與慕尹同往，晤王蘋秋君在彼與張外長通電話，知何部長明晨來京，以慕尹擬接其夫人來牯，遂電話約允默同來。

　　午後三時起草關於中日局勢之文件一種，擬以京滬新聞界共同宣言之形式發表，思緒紛亂，直至夜九時卅分始脫稿。八時卅分允默偕錢夫人上山。十一時卅分寢。

9 月 30 日　星期三　晴

　　晨七時起。昨晚以起草文稿，用心稍久，患甚劇之失眠，只合眼兩次，睡一小時而已。

　　摘呈要電四件，又原電呈閱二件。近日遇有不必批辦之件，擬均用簡表列呈。九時卅分到十二號官邸，以昨

所擬一文親呈核閱，即攜回修改之。

以昨晚失眠，今甚覺疲憊，思小睡補足之。而心有所念，終不得安睡，至一時略進午餐後即偕允默出外散步，日光正射甚熱，至交蘆橋附近而回。三時卅分何敬之部長及外部高司長與程滄波君等同來，滄波寓九十四號，五時過訪商發表文件事，以予所擬稿太散漫，應重擬，即交其攜回修改或另擬。六時委員長約往談，何、高、熊均在座，報告日方最近表示各點及京中諸人意見，委員長允加考慮並研究。七時即在官邸晚餐。為中秋賞月之宴，毛、汪、古秘書均同席。餐後坐庭中賞月，八時辭歸。再應熊主席之宴，座中有滄波、張樾等。錢夫人及允默亦被邀同席。飲酒（白蘭地）一杯，微醺。客散後與允默出外步月，月色皎潔異常，唯風甚大，遂歸。十一時就寢。睡極酣。

10 月 1 日　星期四　晴

晨八時許起。

摘呈要電數則後，滄波來談，攜示所改擬之件，余閱之覺文字較原文稍為改進，而內容第一段則似未著要點，再為之酌改。十時滄波往見委員長，已而電話來招余往談，詢此篇文字，且似欲與余談時局者，欲言而又止，知其憂思深矣。十一時十五分歸。就滄波稿再加改易，構思甚苦，為從來作文所未有。午膳草草進食，不知味。至二時許改成繕寫，以為可小睡矣，乃腦中充滿血液，不得安睡。

四時起，頭痛異常。既繕畢，再看再寫，約滄波來共商，滄波仍主張再改，復竄易數語。已而宗武來談，七時半慕尹宴客，到賀貴嚴、劉恢先、何、張諸人，邀余作陪，勉赴之，心不在酬酢，真覺苦極。既餐畢，辦文電四、五件，樓下邀觀電影，殊不願往，以為藉此與滄波再商文字。既至，則滄波已行，電影之強光雜聲，射余耳目只覺奇痛在心，夫今日何日乎。退席登樓，天翼復來談。十一時卅分寢。

10 月 2 日　星期五　晴

晨八時起。昨晚服安眠藥一片又四分之三，十二時入睡，至七時廿分醒。

以昨晚天翼建議再將所擬之件酌改，加一題為「中日關係緊張中吾人之共同意見與信念」，九時往官邸，攜呈

委員長核定，並報告來電數則，兼談時局約廿分鐘。出至
仙岩飯店與滄波接洽，託其即日攜滬，以京滬各報連署發
表。旋即至熊天翼寓，以今日何部長等均下午乘機下山，
天翼為邀集同人餞行也。與辭修及賀貴嚴大使談，十二時
餐畢，送諸人下山，遂歸圖書館作午睡。

午睡醒後，與允默談非常時期中家庭之安頓，此等
事，其實在政府應有整個規劃，庶在職人員可以安心服
務，不必分心牽掛耳。傍晚貴嚴來談時局之推測。

今日精神較昨日爽適，晚餐後偕允默出外步月久之，
歸，核辦文電數則。十一時寢。

10月3日　星期六　晴

晨八時起許。昨夜睡眠尚佳，唯晨起覺略有喉痛。

核辦來去電約十餘件，又辦發關於皖公路借款一百
廿萬之電，分致督察處及農行。

十時起審核粵預算之審查報告，將俞、王二君所擬增
加收入及核減支出各部分列成簡表，附簽意見呈核。項目
繁複，數字複多，核對頗費力。至午飯後一時許始起草完
畢。即交王書記清繕，並將粵建廳所屬官營機關、廣州市
府及省會公安局之預算審查意見一併呈核。三時委員長來
視察廬山大廈之工程，晤廬山林場主任邱琨（石友，江西
寧都人）及森林植物園主任秦仁昌（子農，江蘇武進人），
蓋同來規劃植樹者也。五時熊主席天翼來談國民大會選舉
事，七時邀往其家晚餐，為余等餞行。餐畢閒談至九時卅

分歸圖書館。徐子青來談良久而去。

十時卅分天翼再來談，託余帶名單一紙，交楚、立二君。十二時寢。

10月4日　星期日　晴

晨七時四十分起。昨晚睡甚遲，但睡眠尚酣適。

處理電報四、五件，決定今日偕允默乘輪先歸。錢夫人亦決定同行。八時卅分往十二號見委員長，作兩函分致李、白與蔣、蔡，囑辭修今日飛廣州轉南寧，並以粵預算之件核定，交余攜京發表，遂回圖書館，整理什物。九時四十分動身下山，十時五十分抵蓮花洞，換乘汽車，到九江，登招商局之江安輪，十二時五十分啟行。中央社贛分社主任陳熙乾來送別。午後無事小睡，過小孤山時，在甲板上閒眺久之。黨校畢業生謝澄宇及杜重遠君均來談甚久。杜君談瓷業計劃及國貨推銷事，所見均切實。晚餐後鄂省黨部委員陶堯階、反省院長黃實來談。九時卅分即寢。過安慶時，綿仲來訪，未晤談。

10月5日　星期一　晴

九時起，舟行已過蕪湖。

閱本日皖報，知京滬各報發表之共同宣言，日本之興論界已有相當之反響。「朝日新聞」謂，係近代之最巧妙的宣傳，而「時事新報」則謂我有衛國之偉大覺悟云。

十二時舟抵下關，五組各秘書及省吾、保恩均來

接，實之表弟亦相迎於輪埠，蕭同茲君亦到埠，未及遇。
十二時卅分先歸寓與同茲及中央社記者某君談，並與貢
華、慶譽、彝鼎諸君談國際形勢。一時午餐，滄波來，餐
畢略談。二時卅分往機場，二時五十分委員長自潯飛抵
京，慕尹同機來。在場歡迎者有馮副委員長、葉秘書長、
呂參軍長等。四時到軍委會一轉，學素亦抵京。五時回
寓，順道往訪佛海、驪先均未晤。六時再至軍委會發電數
則，報告委員長已蒞京。七時回寓晚餐。以委員長今晚往
湯山休憩，知今晚無要事。

　　七時卅分驪先來談交涉經過等，九時去。洗澡，十
時卅分寢。

10月6日　星期二　晴

　　晨七時卅分起。

　　八時卅分到軍委會核辦文電九件，又辦發去電五、
六件。毓九、晶齋、彝鼎三秘書來談中日局勢，彝鼎並報
告中政會財政、法制、土地三委員會之決議，關於遺產稅
法及土地法修正案要點。旋化之來談。武棨自粵回京，亦
來報到。諸君去後，審閱粵建廳等預算之審查報告，即交
學素以代電辦發。十二時卅分歸寓午餐。

　　午後二時，佛海夫婦來訪，談約一小時別去。三時仍
至軍委會辦公，核發去電五、六件，又辦發關於川行營向
中央渝行借款案及川預算案各一件。嗣又草擬代電兩件，
令發粵省府預算。七時完畢，即至陵園。今晚委員長宴中

央常委及稚、翼、騮、益、敬、岳、協、覃諸君，餐畢討論外交及國民大會事，直至十時卅分散。泉兒自所歸省，詢其兩月來之狀況。十一時卅分寢。

10 月 7 日　星期三　晴

晨七時卅分起。連日晨起殊貪眠，以夜睡太遲故也。

辦發關於粵預算之代電三件：（一）致行營轉發關於官營事業、市府、公安局概算，改正各點；（二）致黃慕松主席，先行抄發收支兩方應增減之數字，並說明餘款除列救災準備金外，均入預備費；（三）致行營抄發審核意見，並改正各點，由行營正式令飭省府遵照。此三代電，均今日午後辦出，明日寄粵。

午後核辦文電十一、二件，並複閱在牯嶺來去電底稿。又承蔣夫人囑，電河南商主席，轉致開封青年會二十週年紀念祝電一件。與蕭秘書長接洽雙十節童軍檢閱委員長訓話材料之準備，六時歸寓。

六時卅分晚餐。夜作致四弟及細、憐等函，以訓清回杭，託其帶去。十時卅分寢。

10 月 8 日　星期四　晴

晨起已八時十五分，知公展曾來訪，蓋為文化事業委員會開會而來也。

廖茂如君來訪，談滬教育界國選事，為作書介紹余果夫先生。九時去軍委會，核辦要電七、八件，擬改就業

訓導班開學訓詞未就。九時五十分接電話往見委員長面授
底稿及要點，囑撰擬關於接見川樾之新聞及談話稿。十時
川樾來見，由高司長翻譯，余等均未侍談，擬就各稿後，
與學素二人各繕一份宗武來商詞句，遂與同往陵園，請委
員長核定，遂以一份交宗武攜示張部長乃歸午餐。

　　午後三時十五分到軍委會，五時到陵園，以談話改
擬稿（外部酌改）呈請核定。七時再到陵園，偕李迪俊司
長攜英文稿往孔公館見蔣夫人商酌久之，卒就新聞稿中段
略為改易。後至外交部商改中文稿，即交情報司發出。八
時歸寓晚餐，且文姨氏自滬來，談滬上近況。十一時寢。

10月9日　星期五　晴

　　晨八時起。昨晚服藥一片，睡尚佳。

　　任天來訪，談不願赴陝，請在京滬留意工作，談約
二十分鐘去。九時卅分到軍委會核辦要電七、八件，慶譽
來詢外交情形，十一時到中央飯店訪公展，晤薛光前、許
性初兩君，皆自意大利歸來者。公展為詳談滬上情形及彼
現在處境之艱。旋公弢亦來，談至一小時許始歸寓午餐。
吟兄以近體不適，擬向部請假，余亦已為彼宜稍休。

　　午睡半小時醒，滄波偕復恒來訪，談外交及教育。
復恒之見解其老到有不可及處。

　　五時到軍委會一轉，校閱委員長與川樾談話記錄一
件，六時到陵園參加各部長會談，討論對日交涉之折衝要
點，直至七時十五分完畢。偕汪秘書同進城，回寓晚餐。

餐畢往訪季陶於其寓，彼歐遊歸來，今日始由粵飛來也。九時往中央飯店訪蔣志澄君，談川事，可嘆之至。十時卅分歸即寢。

10月10日　星期六　晴

六時十五分起。

盥洗畢即驅車出城，至總理陵墓行謁陵禮。由林主席領導，並致詞，五院長僅于院長以病未到，七時五十分完畢。即至公共體育場參加童子軍第二次大檢閱典禮，由蔣會長主席，參加檢閱之童軍有蘇、浙、皖、贛、鄂、湘、京、滬、青、平、黔、滇、粵、魯、晉、陝、甘、察、綏等二十省市，總數九千九百八十人。分列式由劉詠堯指揮，約一小時四十分完畢。蔣會長致訓詞，十時五十分畢。到軍委會處理文電數件。

十二時到陵園，一時至故宮機場送蔣先生動身赴杭，以航校十二日行畢業禮也。

一時卅分午餐餐畢小睡，倦甚，直至四時始醒。乃華攜訓詞稿來，為審閱改削之。並發表消息交中央社。夜與吟兄等閒談，積泉今日亦來家。得細、憐及皓兒各一書。十時卅分就寢。

10月11日　星期日　晴

晨八時許起。

修改就業訓導班開學訓詞一篇，此文為蕭乃華初稿，

補充修改已費數日心思，今日更為補充一段，以乃華原文中未將就業準備之實際事項說明，驟視之無異於僅為統一意志而舉行之訓練班也。至十時卅分始修改完畢。既成視之，文氣格調終不一致，改文之難，較自撰尤過之也。十一時到軍委會整理書件，特立粵預算以及財政、川建債三檔卷，以便檢查。張齡請假赴漢未允准。

午後忽感鬱鬱不樂，且疲倦殊甚，思小睡又不成眠，起覺煩躁更甚，不自知何故。五時偕允默外出，往訪周夫人，知彼有移家湘潭之計劃。六時偕默往遊玄武湖，七時歸寓。晚餐後作私函二緘，整理行裝，十一時搭京滬車離京。十一時卅分寢。

10月12日　星期一　晴

六時卅分起。昨晚睡未熟，以車身震盪殊甚也。

七時到北站，下車遇許汝為先生，亦自京來滬者。七時十分改乘滬杭車赴杭州，車中無事，閱葉紹鈞所撰荀子學術思想。十一時五十分抵杭州站，望弟來營於站，程一戎君亦來迓，遂至湖濱，寓新新旅館。安頓行李訖，與允默及望弟自博覽會橋步行至太和園午餐。食蟹飲酒二杯，覺微醉，歸寓小睡。至三時始醒，即往大華飯店訪慕尹未遇，往東方飯店視侍從室職員，繼至九蓮邨，知委員長午後仍在航校訓話，須八時後回杭，乃將昨擬訓詞留交汪秘書轉呈。與蔣夫人略談，知我等不久將有西北之行。四時至六桂坊訪大哥大嫂，已而允默亦來，今日為大伯父

忌日，家人會集者甚多，遂在大哥家晚餐。餐畢四弟亦來，黎叔、子韜、君碩均聞訊來訪，暢談別來八閱月之情形。與五妹、八妹僅略談數語而已。十時回寓即寢。

10 月 13 日　星期二　晴

晨七時起。昨晚睡不甚佳，但未服藥。

八時卅分偕允默到岳王路二十一號五妹家，八妹、六弟婦均在彼，翁太親母亦出而相見，晤談極歡。十時擬往四弟家，允默、八妹等先去，知四弟弟婦均不在寓，余乃回旅社，知張向華、陳慶雲、馮次淇（少田，軍委會參議）、紹棣、烈蓀均來訪，遂出至大華飯店一轉，即至九蓮邨，擬謁委員長，則已外出矣。即往教育廳訪紹棣，談至正午。紹棣陪觀教廳新修建各舍一周，遂至五妹家午餐。餐畢歸新新旅社小睡。三時起，則圻兄、六弟均已自滬來杭矣。健中來談東南日報近況，旋日章來摘呈要電一件，交其攜去。

五時到招賢寺為先妣七十冥壽，今日、明日在該寺做佛事追薦也。家屬親友到者約五十人，晚餐後與圻兄外出散步。八時遠帆來訪，同至新新旅館，已而曉滄亦來談，十時鶴皋及秋陽來談，十二時卅分寢。今晚細、憐兩女亦來寓過夜。

10月14日　星期三　晴

晨七時起。

機要室送來電四件：一、張部長來電；二、陳濟棠來電；三、李世欽來電（均呈閱）；四、陶履謙來電（存）。

八時卅分旭東來訪，九時到招賢禪寺祭奠先母七十壽誕，友人來祝者有紹棣、遠帆、藕舫、曉峯及景昌極、王煥鑣、諸葛振公諸君。十時慕尹、孝先、荻浪同來，望如、鐵漢、乃華、自誠各攜鮮花來祝，教廳舊同事到者亦甚多。午後周企虞、馮季銘、宣鐵吾三君先後來，四時集合孟、仲、季三家長幼合攝一影。圻兄、望弟、彥弟等亦均參加，約四、五十人。圻兄謂：克介公以下男女丁巳一百人以上矣。

五時回新新旅館，盧兄來訪，談卅分鐘而去。旋五妹、八妹、四弟婦、六弟婦及諸姪甥女等均來，在新新旅館敍餐，均以如此團聚為難得之盛會也。晚餐後，鶴皋、貞柯、秋陽均來談，十一時客散，與圻兄長談久之，頗以家人散處各地，一旦對外有事，不易處置，又不能事先準備，引為憂嘆。十二時卅分寢。

10月15日　星期四　晴

晨七時十五分起。昨睡太遲，頗感睡眠不足。

八時卅分往九蓮邨見委員長，報告由京來杭後之情形。九時回新新旅社，貞柯等均來寓，家人八妹等亦來，擬相約出遊，適接委員長電話，乃令彼等自往，余不同

行。十時偕委員長巡行湖堤，在裡湖雇舟至湖心亭、三潭印月等處，至中山公園前登岸，進園略一遊覽遂歸。與貞柯、秋陽等在旅館午餐，暢談久之。午餐後覺疲甚，小睡至三時醒。思圻兄以午刻一時五十分車返滬。

四時朱仲翔君來談，四時十五分到九蓮邨，委員長命同往浙大視察。在文理學院全部視察一週，竺校長、沈總務長（魯珍）、李、盧二院長及鄭教務長均陪同視察。五時出，再至湖濱到孤山遊覽，旋至平湖秋月，周市長企虞來迎，泛舟至蘇堤春曉處登岸，時已六時卅分。以今晚四弟家敘餐，遂先歸寓。朱鐸民君來談，七時至刀茅巷四弟家，家人均集，晚餐畢已十時。四弟、六弟復同來新新旅館，談至十一時卅分始別去。十二時寢。

10 月 16 日　星期五　晴

晨七時五十分起。

以天氣晴美，且六弟等在杭難得團聚，遂相約作近郊之游。九時偕六弟弟婦迪姪與允默同赴五妹家，約五妹母女三人，八妹母女二人及貞柯、望兄等同至黃龍洞游覽，購生菱食之，極鮮美。十一時游覽畢，聞留下相近有白龍潭景極幽美，八妹、六弟均願往游，遂驅車同往（余本擬往玉泉、靈隱，從多數，故變更目的地）。既至留下，復循小和山支路往山腳，詢鄉人，乃云山上至白龍潭須行山路十餘里，時已卓午，諸人均覺倦，遂歸。抵寓午餐，餐畢六弟先行，即晚歸滬。余小睡至四時醒，往視委

員長，知外出未歸。到中央銀行訪韓向方，周莊訪徐次宸，均未晤，乃歸寓。約允默、五妹、八妹出外散步，由木橋到孤山，出平湖秋月，循白堤而歸。七時卅分應黃主席約赴鏡湖廳晚餐，為韓、徐、張（樾亭）、葛（光庭）諸人洗塵也。同席約五十人，九時卅分散。汪日章秘書攜文電數件來，核正簽發之。十一時寢。

10月17日　星期六　晴

晨七時十五分起。接立夫來電，為太平洋書店印書契約事，即為摘呈。

八時五十分到九蓮邨行轅，適徐次宸督辦來見，為招待之。九時卅分委員長出見，命余擬五十述感一篇，口授要旨，遂出。至東方飯店，蕭乃華秘書處覓材料，乃華與蕭自誠居臨湖一室，邀余小坐，談卅分鐘。十時卅分往訪趙文龍局長，談時局及粵桂事。旋至省黨部訪霞天、青儒未遇，遂至大哥處小坐。十二時歸寓，偕允默同至學士路林宅，約黎叔到王飯兒吃火腿及魚頭。餐畢，談至二時卅分歸寓。午睡至四時卅分醒。傍晚與允默出外散步，至鳳林寺前徘徊久之，此為數年前常到之處，今加修改又改舊觀矣。七時委員長宴韓、徐、楊（虎城）、蔣（廷黻）及韓之顧問等，余與慕尹均往作陪，同席二十餘人。八時卅分餐畢，與戈定遠處長談。九時歸寓，接京電知積明病，遂決定允默明日歸滬。十時往西冷飯店訪莫柳忱未晤，歸徽甥及五妹來談，十時卅分寢。

10 月 18 日　星期日　陰

七時卅分起。昨晚睡眠又不佳。

允默以積明、趙方在滬患病，乘八時五十五分早車去滬，擬由滬逕回南京。

今日委員長偕楊、韓、徐諸人往游天目山，余以昔年曾偕力子先生往游，遂未同行。摘呈來電二件：一、李宗仁來電保薦國選代表請圈定；二、黃為材來電請轉電劉湘放行川貨。後整理書件衣物，靜坐半小時，稍收放心。蓋到杭以來，公私酬應太繁，縈心雜務，又須牽慮職務，此心不能寧謐，至以為苦也。靜坐既畢。為委員長起草「為捐資購機致謝同胞同志」謝啟，自十時起稿，至午後四時始畢。覺腦痛，乃出外延湖堤散步。五時歸，續擬文字，適五妹及細、憐兩兒來，遂輟筆。六時五妹等去，乃往六桂坊視大哥，即在彼家晚餐。與大嫂閒談久之。八時歸寓，以頭腦疲痛，服安眠藥一片。九時就寢。

10 月 19 日　星期一　晴

晨七時起。昨晚睡足八小時，晨起頓覺精神舒爽。

七時卅分到九蓮邨，汪秘書交來電報三件，囑其攜京，直接呈閱，並以昨所擬謝啟稿交其攜京呈核。八時到省黨部，出席擴大紀念週，今日參加者極踴躍，約七百人。委員長訓話：

（一）希望由形式之整齊，做到精神振奮，表裡
　　　一致；

（二） 知恥近乎勇，匪患不除，浙江之恥也；

（三） 為政之道應勉強而行。

訓話畢，合攝一影。九時卅分仍至九蓮邨，說明今日不同行。遂與慕尹同車至機場送行。十一時卅分應紹棣、健中之約到太和園午餐。遠帆、霞天及伍展空君同席。二時歸寓，午睡卅分鐘。以電話詢滬寓，知積明已癒矣。

傍晚閒步湖濱，至石塔兒頭遇望兄及升、孚兩弟，邀至旅館坐談久之。程遠帆、羅霞天兩君來訪，羅君為余談統一意志與團結之不易，至七時始去。遂與望兄同至其家午餐，黎叔、子翰、酉生、貞柯及升、孚兩弟均來會餐，談笑歡甚。九時與五妹、八妹等別歸寓。覺傷風頗劇，洗澡後即就寢。

10月20日　星期二　晴

六時卅分起。昨晚睡七小時，因咳嗽，屢醒，晨起覺頭痛，咳嗽亦劇作。

八時結束旅館賬目，留函一緘致莫德惠君，即至大學路視四弟，未遇，乃赴六桂坊一轉，八時五十分到城站，乘特快車赴滬。趙龍文、羅霞天、金越光、黃萍孫諸君均走送於車站。貞柯、酉生、望兄及永甥亦來送行。八時五十五分車開後與杭州作小別矣。此次杭州之行，在廣州時即已計劃及之，嗣以粵貴局勢緊張，繼以中日外交嚴重，已將此念打消，不圖仍得實現此願，向先考妣靈前行禮，且得與杭州諸親友會晤，誠私衷所深

喜者。唯到杭旬日，適值委員長亦在杭州，公私不能兼
顧，身心尤感疲乏耳。

車中無事，閱荀子。十二時卅五分到北站，即雇車
回福康里寓。阿樂出迎於門首，積明亦已痊癒矣。午後秋
陽來，夜芩西來訪，傷風甚劇，本擬夜車去京，臨時中
止。十時寢。

10 月 21 日　星期三　晴

七時卅分醒，室內光大，不復能寐，遂起。

傷風未癒，喉管澀而作痛，以噴霧吸入器噴射之，
始覺稍舒。以昨晚已去電報告病狀，決定今日留寓休息，
不赴京。午後七時得委員長覆電，謂西行在即，有事面
談，如病稍痊，望夜車來京云。

繼續草擬五十生日之感想一文，午前修改前段，午
後足成第二段，述蔣母撫孤保家之德，至四時後始續成。
第三段論家國一致之理，能自強者不終弱，能自助者必有
成。直至晚餐後七時始勉強完篇。遂繕成清稿，備明晨攜
京呈核。此文內容均委員長所口授，連日心思散亂，屢作
屢輟，允默謂向來未見君文思如此至拙滯也。孫長孺來
談。十一時攜陳清至北站乘夜車赴京。王勵齋先生同車。

10 月 22 日　星期四　晴

六時卅分車抵堯化門，遂起。咳仍未止。

七時到下關，學素等來逆於站，知委員長行期不出今

明兩日，侍從人員已有一批出發，遂進城。到頤和路寓所略為休息，即至軍委會一轉。八時赴陵園晤張、吳兩部長於門口，並與陳辭修略談，入見委員長。說明患病未癒，不能同往，擬在京待命，於一星期後西行。委員長允之，並以生辰紀念各事囑為注意云。

九時返軍委會料理積件，並辦文電。蕭、葛兩秘書來談，十二時再至陵園，與錢、汪諸人接洽各事，十二時卅分到機場送行。撰發消息交中央社發表。一時卅分回寓，午後傷風似更劇，睡二小時始稍癒。中央政會秘書處今晚會餐，請楚公及子壯、啟江、子弦諸人參加，設席於政會之大廳，各專門委員會之秘書均到，予咳嗽不思飲食，亦往參加，九時始歸。與吟苡兄談時局。十一時洗澡就寢。

10月23日　星期五　晴

晨九時卅分起，覺傷風未癒，頭涔涔作痛，但已不能再睡，故強起。適龍榆生教授郵贈疆邨遺書一集，余近日覺腦筋遲鈍，乃讀詞自遣。今日決在寓休息不外出矣。正午滄波來談，為介紹新亞洋服店製冬季大衣及短裝各一襲。滄波去後，頌皋、道鄰先後來談，傍晚公嘏來談，晚餐後去與吟兄伉儷話別，彼等明日歸矣。十一時寢。

10月24日　星期六　晴

晨七時起。

　　送吟兄、旦姨出門，彼等今日回滬，吟兄決辭官歸
隱，余深羨之，不能效之也。彼等去後，一人在寓，悽惘
無已。學素來接洽公務，匆匆去。貢華來談，約半小時。
向午覺心緒煩悶之至，讀回風先師詞及疆邨棄稿一卷，意
在排遣雜念，乃竟不可得。午後徬徨異常，遍詢諸友，均
不在寓，無聊之至，欲獨自出遊，又太無意味。傍晚學素
再來談大局，頗傾向於聯俄速戰，少年意氣之盛，與余懷
終不相合。夫我不自強，將孰與聯乎。夜訪樵峯次長，為
吟兄事。十一時寢。

10 月 25 日　星期日　晴

　　晨九時起。

　　次行自滬來，言近以經營失敗，在滬意趣索然，擬出
外作事，以廣見聞。午後滄波來談，遂以相託。滄波極熱
心，即以余意商蕭同茲君，擬由中央日報及中央通訊社兩
處合聘次行任編譯工作，側重於日本問題及財政金融。夜
介紹次行親次往訪，遂定議。自茲次行不致有抑鬱之嘆，
而余心中亦了卻一事，甚快慰。

　　午後四時，改定委員長五十生日感言，就後段增補
數語，並改易結尾，使文氣與前段一貫。今日精神仍不
佳，午後稍好。十時卅分寢。

10 月 26 日　星期一　晴

　　晨八時卅分起。

十時接楚傖電話，往中央黨部，知委員長已將五十感言稿改定交下，又來電補加數語。楚傖以為此文命意措詞及結構均好，仍交余攜回修正字句。十一時卅分學素來，攜要電數件送余閱之。學素去後乃將感言一稿細閱修正之，交省吾清繕，午後四時送往楚傖先生處，商定並即交方希孔兄發表。又以謝捐機之謝函並交發表焉。與楚公及李迪俊談宣傳事，並與希孔談非常時期之宣傳工作，六時卅分歸寓。七時卅分允默自滬攜兩兒來京。夜滄波、宗武來談甚久。今日閱報知楊暢卿於昨日下午在漢被狙擊逝世，即電唁其家屬。暢卿為人自負太高，言論行動亦開罪於人，一般對之毀譽不一，然其負責之勇，任事之勤，求之近日從政人員中亦不可多得。竟死非命，至足惜也。作函數緘。十一時就寢。

10月27日　星期二　晴

九時卅分起。歸京後傷風頻發，頭痛心跳，神經衰弱之現象復著。

今日慶祥秘書乘歐亞機飛西安，託其攜去函二件，一呈委員長，附去改定之感言稿，並報告病狀；一致慕尹主任，託其招呼各事，並告以四、五日內不克西行。

十時接委員長來電（余二十四晚曾去一電告病狀），准余暫緩入陝。

十時卅分往軍委會，約集五組各秘書舉行談話會，討論歐陸風雲，與國際現勢及我國外交上之動向。彝鼎、

毓九所見較切實,慶譽、方理亦發言較多,十二時散。

午後小睡約二小時,醒後晚風凄緊,畏寒怯風,甚不舒適。往傳佐路二十五號訪呂蓬孫先生,談禁煙委員會工作。蓬公擁書為城,公暇坐嘯,其雍容閒適之度不可及也。

夜竺藕舫君來談,談浙江大學擴充校舍,請撥用軍械局舊址事。十一時寢。

10 月 28 日　星期三　晴

晨八時卅分起。

續接委員長來電,囑在京安心修養,稍後當再電云云。又毛慶祥來電,謂三、四日內將有洛陽之行,是則余或不必去西安矣。前方諸人隨行辛苦,獨余安處後方養病,念之愧疚無地。覆羅霞天並致翁詠霓函。

十時至大華飯店訪龍榆生教授,龍君江西萬載人,疆邨先生高弟,曾掌教暨南大學,今任音樂專科學校講師。興余談教育,又慨於詩教陵夷,謂將有以振起之。

午後無事,以頭痛未止,偃臥休息。至四時卅分偕默攜兩兒往遊明陵、植物園,晚風甚緊,六時乃歸。泉兒來家晚餐,食澄湖蟹,錢主任夫人所贈也。夜學素來談,八時卅分往訪果夫,談國民大會等事,十一時始歸。遂寢。

10月29日　星期四　晴

八時起，頭痛心跳仍未癒，在家休息。

十時到新樂也理髮，十一時到軍委會核辦到文十餘件，均係祝壽之件。元冲贈聯曰：「忠信勞謙，有容乃大，光輝篤實，積健為雄」，集句極深成，亦頗能狀介公之生平。又與莫組長接洽參加祝壽式等事，十二時卅分返寓。

午後發私函數緘，仍覺疲倦。小睡至四時卅分醒。此半月來，精神疲倦異常，自覺衰老之境，更進一步。時艱至此，體弱如彼，奈何奈何。

六時南京各報宴滬上報界於中央日報社，邀余及楚傖、君山等作陪，賓客方面到者伯奇、蔭良、伯虞、芸生、柏生、際安、公弼、蔣光堂、曾虛白及仲持、子寬等十餘人。京報界約二十人作陪，楚公及余先後致詞。餐畢，在滄波室中與公弼長談，至十一時始歸。

10月30日　星期五　晴

晨八時卅分起。

今日精神愈感疲憊，即起坐亦覺乏力。鼻腔發炎，頭痛仍烈。

正午與楚傖先生聯合宴請京滬報界同人於蘇州同鄉會，到者李伯虞、曾虛白、王芸生、胡仲持、李子寬、嚴諤聲等，賓主共卅餘人。飲酒四小罈，錢昌碩君大醉。席間楚公發起即席書題頌祝蔣先生壽，推余主稿，到者共同

簽名，由李伯虞君書之。酬酢盡歡，並合攝一影，至二時
卅分始歸寓。接慕尹來電，囑明日乘機赴洛陽，遂準備行
裝，並邀學素來接洽一切。覆賀電四、五件，擬啟事稿一
件，均交學素攜歸。七時岳軍部長來訪談一小時去，八時
翁詠霓兄來訪，商明日獻機典禮中之答詞，即以前經委員
長核定之謝啟託其轉送何部長宣讀。夜繼續整理雜件，至
十一時寢。

10 月 31 日　星期六　晴

六時即醒，不能寐，七時卅分起。

今日為蔣先生五十壽辰，首都舉行獻機典禮，余以
臨行匆匆，未往參加。蔣先生於光緒十三年丁亥九月十五
日，以是年之陽曆推之，則為十月卅一日也。

整理行裝訖，匆匆午餐。餐畢即至通濟門外空軍總
站機場，乘薩伏亞機飛洛陽，朱騮先秘書長及蕭秘書、王
秘書、項副官等同行。羅秘書、莫組長均走送於站。一時
十分起飛，過蚌埠後，機身震盪頗甚，殊感眩暈，小睡乃
已。四時十分抵洛陽，即至西宮行轅休憩，知今日在洛舉
行祝壽典禮極熱烈。五時謁見委員長，匆匆不及多談。七
時卅分在軍校四維堂由委員長及夫人招待晚餐，到者閻、
張及商、徐、傅三主席、賀大使、劉主任、何政務處長及
陳總指揮以次重要軍官十餘人。席間，有和平小學學生表
演，賓主極歡樂。餐畢，燃放鞭炮十餘萬。九時委員長邀
往談話，覆林主席賀電。十時就寢。

11月1日　星期日　晴、寒

七時卅分起。昨晚因胃痛驚醒，自二時至四時均未入寐。

擬答謝祝壽電十七通，皆與委員長交期較深者之來電，其他如京中黨政軍機關之祝電，如行政院、中央秘書處及軍會辦公廳亦酌覆之，餘均寄辦公廳。

十時委員長在軍官分校出席總理紀念週訓話約一小時。魯若衡、朱玖瑩兩君來談。核辦來電九件，又四組之件十一、二件。到洛後氣候驟寒，較在京約低十餘度。

午十二時委員長約往談，並招騮先往談。其時余胃痛殊甚，至一時卅分午餐後始稍癒。小睡一小時。三時何粹廉處長來談甚久，五時卅分與偕見委員長。奉諭可請何君襄辦文件。七時卅分商主席、劉主任、錢局長、祝主任均來洛，同人晚餐於軍校俱樂部，食黃河鯉魚甚美。夜與何處長談，續辦文電十餘件。十時卅五分就寢。十二時後始入睡。

11月2日　星期一　晴

七時卅分起。昨晚胃病未作，睡眠甚佳。

核辦文電十餘件，並將各處來去電送何粹廉君同閱之，以便其接洽。

蔣夫人今日飛機赴滬，託機師寄函於京寓索取寒衣。蓋此間天氣驟寒，如再至晉、陝、甘、寧，則所攜衣服決不敷用也。並作家書一緘，託古秘書帶滬投郵。

　　十二時偕賀公使貴嚴入城，至萬景樓午餐，應萬軍長耀煌、白司令北凡及王專員澤民之約，賓主十餘人，痛飲盡懷。食猴頭菌、嵩山百合及黃河鯉魚等，皆本地名產也。驪先、辭修等往遊龍門，余以事未往遊。二時歸行轅，小睡一小時起，續辦文電五、六件。商啟予、劉經扶先生均來話別，彼等今晚歸忭垣矣。七時卅分委員長約朱、何、賀、陳諸君晚餐，談改進軍政機構各事，賀貴嚴君述意見甚多。九時散，送驪先貴嚴於門外，均以今夜車動身東歸也。燕京大學校長司徒雷登及傅涇波自北平來謁，奉諭招待之。客散已十時，委座約再往談，歸室再辦文電二件。十一時寢，十二時入睡。

11 月 3 日　星期二　晴

　　七時四十五分起。來此以後，常感睡眠不足，不能早起為苦。

　　發致葉秘書長一電，將委員長前所囑撰文內容之口授要旨告之。

　　核辦文電十餘件，得張岳軍來電，知劉雪亞君自吊暢卿之喪歸來得病甚重，神經失常。雪亞年僅五十餘，不堪刺激如此，可知吾國人健康狀況之一般矣。

　　吳市長、楊司令電告，段芝泉先生昨晚八時在滬逝世，為委座擬電吊唁。

　　午後小睡一小時餘，續辦文電十餘件，並核發電報十餘件。與何粹廉君談財政金融及非常時期應準備各事甚

久，何君尤以財政問題為憂。

夜七時偕慕尹主任及孝先、荻浪等往城內華中劇院觀平劇，某伶演九江口，有聲有色。壓軸精忠報國，演岳母者聲容沉摯精采之至。十時卅分歸，即寢。

11月4日　星期三　晴

七時四十分起。昨晚睡眠仍感不足，蓋一時後方入睡。

核辦文電十一、二件，均無十分緊要者。唯行政院報告院議經過較重要耳。慕尹囑代擬一電唁慰段駿良（宏業）公子，措辭甚難，以本無如何交情也。

川財政監理處寄來七月至十月半經管聯合庫及委座指存專款撮要報告一件，計三個半月內，聯合預算收支不敷二、一九〇、〇〇〇元，均係省稅短收者。

複閱關於外交之來電及駐日大使館寄來之情報等件，續辦四組文件八件。

五時委員長約余及何處長談話，由何報告幣制金融問題約四十分鐘。委員長靜聽研究，甚為注意，尤注意於中央準備銀行之辦法，多所垂詢。七時即在官邸晚餐。

今日陳辭修參謀長赴寧夏視察，並有所傳達。接省吾電，知允默回滬。夜慕尹、至柔及祝主任等再約至華中觀劇，演古城會，精彩之至。十一時卅分歸。即寢。

11月5日　星期四　陰、下午雨

七時四十分起。昨晚至一時卅分後始入睡。以昨晚

睡眠不足，今日氣候又驟變，致頭痛神疲，終日不舒。

核辦文電十餘件，改定紀念週講稿一件（論國事今後之希望，在集中力量，自立自強）。此為委員長在洛陽所講，蓋對於一般輕易受人麻醉而主張聯俄容共者而發也。今日周至柔君飛京，託其便帶家書，由京寄滬。

午後愈畏寒，頗覺不支，小睡一小時起，仍覺頭痛異常。

今日李明灝主任（仲堅）自成都來洛，晤談甚久。

陸軍大學第十二期及參謀補習班明天畢業，為擬畢業訓詞一件，即電發。七時委員長約何粹廉君講外匯統制問題，余亦被邀旁聽。晚餐後略談時局，歸室再與粹廉談平津教育界情形。十時卅分寢。

11 月 6 日　星期五　晴

晨七時四十五分起。昨晚睡足八小時，今日精神較佳。

核辦文電十五件。戴科長電告昨日滬北站附近傷日人一名（樺島），日兵至北站附近戒嚴。許興凱君來訪，彼現任滑縣縣長，談豫北各縣之政治與治安情形，謂經濟困苦，人民赤貧者居多數，為匪及營白面業者甚多，下級行政腐敗，警力不足，一旦有事，極可憂。

十一時綏署參議陳淇（扶弱）來訪，賚來劉經扶主任之改進黨務意見書，係呈請委員長核示者。陳君談豫黨務內容甚詳，派別傾軋之風，在豫為特著云。

今日有航機來，接允默自滬發一函及貞柯來函，又

張劍鋒來一函。

　　七時與何粹廉同見委員長，何君今日講法國貨幣改革與英法美貨幣協定內容。

　　夜九時往隴海路十九號房訪李贊侯、錢乙藜，均今日由京來者。十時歸。十一時寢。

11月7日　星期六　晴

　　晨八時許起。昨晚睡眠尚佳，唯入睡較遲耳。

　　核辦文電十餘件，並核發去電十餘件。

　　十時李贊侯、錢乙藜兩君來，即與贊侯往見委員長，報告華北近狀，及彼見田代、喜多等所得之印象，並言彼受段芝老遺言，決在不唱高調與不負國家之原則下苦心協助宋明軒，以渡此一時期。委員長極意慰之。十一時卅分乙藜往見，報告資源委員會事。退均就侍從室午餐。午後三時何粹廉君伴李、錢往游洛陽城市，余乃小睡，至四時廿分醒。

　　續辦文電六、七件，近日各處來電不多。七時委員長約李明灝主任及李、錢兩君與陳辭修、何粹廉等晚餐，辭修方自寧夏回，言盤山已積雪數日矣。夜與李、錢諸君閒談，至九時二君別出，將以今晚乘車赴鄭州，粹廉送之於站。十時卅分寢。

11月8日　星期日　晴

　　七時卅分起。昨晚睡又不甚佳，蓋談話太多也。

　　八時參加擴大紀念週，到軍官分校官生及航空學校（學生一四八人）職員等共五千餘人。委員長講述國際現勢與中日兩國之國內外環境，歷一小時始畢。接中央宣傳部寄來為掃除漢奸剿滅殘匪告民眾書一件。

　　十一時立夫自漢口乘達格拉斯機來洛，蓋昨日由廣州動身，至漢時機略損壞，修理三小時，故今日始到也。與之談粵漢情形，彼見委員長後一時卅分飛京。

　　十二時偕慕尹主任往萬景樓應荻浪、方之、孝先之約，賓客到者錢局長、楊憲兵團長、陳分段長等，主人勸酒極殷，合席均有醉意，余亦盡五小杯。二時卅分回行轅，岳軍部長自京來，與談半小時不能支，即登床小睡，直至五時許始醒。與粹廉同擬非常時期之行政機構。夜與岳軍長談，知日方堅持華北問題，交涉決無進展可言。十一時卅分寢。

11月9日　星期一　晴暖

　　七時四十分起。昨晚睡不甚佳。八時與岳軍部長等早餐，談歐陸現狀與對俄關係甚久。十時岳軍回京，與慕尹、慶祥等同送至機場。方之、荻浪、孝先等之夫人亦同機回京。

　　十一時委員長招往游龍門，辭修參謀長及豫建廳長張靜愚同行。車行約卅分鐘到龍門之賓暘洞，過伊闕，瞻仰九間房之大石佛，偉麗殊甚。旋登舟渡伊水對岸，登看經臺等處，並游香山祠。各處佛像被盜者甚多，截首斷

肢，厥狀極慘。二時涉河乘車歸。三時午餐，餐畢委員長
命改擬文字，面授要點，以倦甚小睡至五時起。

劉經扶主任遣毛劍夫（名健吾）科長來訪，即作覆
函，畀其攜去。七時與辭修、粹廉往見委員長同晚餐。餐
畢略談歸余室。辭修不久將離洛陽，今晚特與余等話別。
旋慕尹亦來，上天下地，談軍中軼聞，並互有勗勉箴規之
語。十二時始別去，即就寢。

11 月 10 日　星期二　陰

晨八時二十分起。昨晚二時始入睡，六時即醒，睡
眠大感不足。

核辦文電十餘件，核閱鐵道訓練班訓話及特訓班訓
話講稿各一件。

委員長以豫省黃河以北各縣政治基礎太不健全，手
令商主席慎選良好縣長，並增加待遇，原定為三等、二等
縣者，可照二等、一等支給，經費由預備費內支給。

午後續辦文電六、七件，又清理積擱之件四、五件。
三時小睡，四時卅分起，至校本部西曠地內散步久之。園
林蕭曠，樹葉漸稀，夕陽照之，頓興異縣行役之感。歸室
接家書，知允默到滬即入醫院治病，字跡潦草，知其勞倦
甚矣。繫念不置。

傍晚粹廉來，七時同往謁委員長，談中央準備銀行
事，兼及宣傳與政治，至九時卅分始散。接方希孔電，即
覆之。委員長批發呂蓬孫君三千元，電周署長撥款，並批

定禁煙總會常委薪水六百元。與慕尹長談，十一時寢。

11 月 11 日　星期三　晴

晨八時起。昨晚因服安眠藥，睡眠稍佳。

核辦文電十餘件，又核閱四組文件五、六件。粵省府請免減歲出預算，覆可改為減一成。

今日陳辭修君離洛回漢，臨行走別，余妄有箴規，竟蒙採納鄙言，殊感其虛衷納言之雅。辭修勤勞刻苦，律己謹嚴，遇事負責，確為值得敬佩之人。唯委員長信任既專，各方不免注目。辭修激於當世之婞阿，亦更奮勵激發，願挺身而分盡怨謗，余故婉言規之。謂將來正有非常重任待君來擔當，宜稍抑縱揚溢之熱情，保留為來日之用；若鋒稜太露，徒招不必要之怨尤，亦非所以善盡此才之道也。辭修初頗不謂然，繼乃屢頷其首。聞委員長又將有他行，擬為將所交一文草成之，以衛俊如總指揮來談良久，遂不果作。夜委員長招往談非常時政治組織。十時卅分寢。

11 月 12 日　星期四　陰寒殊甚

八時起。昨晚睡眠七小時，亦服藥之效。

今日為總理誕辰，集合各校學生舉行紀念。委員長出席訓話一小時，十時委員長乘車往偃師、登封，遊嵩山，余未隨行。錢主任、蔣組長、蕭秘書乃華及化之均同行，定三日後返洛陽。

自昨接允默來函，心念其病狀，不能去懷。謂居滬醫院，照料無人，唯願其早日痊癒耳。

今日來電甚多，約二十餘件，擇其可決定者即先辦覆，不及待呈核矣。

何粹廉君來就余長談，自黨務、教育、財政、外交無所不談，最後乃及人生觀與處世哲學及倫理觀念。粹廉問余何者為今日應提倡之倫理觀念，余曰：「對己淡泊，對事負責，為人熱心；持此十二字，終身行之可也。」夜接允默來電，更為繫念。十時卅分寢。

11月13日　星期五　晴

九時四十分起。昨晚一時許始入睡，今晨無事，故遲起。

核辦文電十餘件。孔部長來電，報告自粵省統一後，中央負擔粵省各項經費已發者為三千七百萬元，較之從前每月補助六十萬元增加頗鉅。又接宋子文來電稱：在滬借款七百二十萬元，僅敷三個月之用，則粵省每月不敷乃在二百萬以上矣。

今日心思異常紛亂，計睡眠時間不為不足，而精神異常疲憊，徬徨煩悶，不知何故，午餐後乃至校園散步運動，逾半小時回室，仍不能定心工作。小睡卅分鐘起，則聞委員長已到偃師，以快車返洛矣。五時謁委員長報告文電。

何粹廉君為余談此後一切設施應以：（一）國防；（二）有實利於多數人民者（農民）為原則。集中全力於

國防的政治、經濟、心理三大建設，而將不急要之事停止之，余頗以為允當。

夜繼續起草「自力奮鬥之民族圖存」一文，至十時卅分完畢。十一時寢。

11 月 14 日　星期六　晴

七時四十五分起。核辦文電十餘件。

八時將草成之文字送呈委員長，並報告數事，粹廉擬歸京，並為之代請焉。午後一時委員長將文稿交回，囑再加入兩段。四時、六時兩次招往，囑再加入新意三段。七時偕粹廉同進見，報告對於今後國防建設之所見，九時退歸己室，將所交文字修正完成，已十二時矣。

11 月 15 日　星期日　晴

八時起。軍校紀念週，余以校閱文字未參加。十時以繕就之清稿送呈委員長。十一時委員長及錢主任等乘車往孝義視察，余未同行。核辦文電八、九件。午後三時送粹廉動身回京。五時卅分立夫、宗武兩兄由京附薩伏亞機來，慶祥亦同歸。接允默函，並寄寒衣，知其病已癒，昨已抵京，心始稍慰。六時委員長歸自鞏縣，七時偕立夫、宗武同往晚餐。餐畢，談近日外交情形，並與立夫談至十時。送之往車站十六號宿焉。讀洛陽伽藍記。十二時卅分寢。

11月16日　星期一　陰

八時起。昨晚因待抄件（即所擬之文字又經修改者），睡太遲，上床不得寐，至二時始睡去。故今晨起床覺頭重而腦亦微痛。余近年來稍遲睡即不支，回想從前之報館時代生活，就睡終在晨三時以後，不知當時如何支持也。又此次來洛已將二旬，事務並不甚繁，但心思迄無一日寧謐。偶聞人聲嘈雜，即生憎厭之心。而居室與客室為鄰，來者必過余室小坐，因此工作時作時輟，至以為苦。以與力子先生在火車上亦能辦公，而有條不紊，兩兩相較，自知修養不及人遠矣。

聞委員長有赴晉並轉甘省天水一行之意，即往請示，奉諭不必隨行。

午錢慕霖局長約立夫、宗武及王守怡午餐於萬景樓，予亦被邀同席。飲酒未三杯即醉，歸小臥，醒已四時矣。立夫來談甚久。七時委員長約在洛諸人晚餐。到者陳、高、錢局長、王、祝兩主任、三專員、萬軍長及慕尹與余，至九時散。宗武夜車返京，託電話告京寓，以客中安好，不及作函。

11月17日　星期二　陰寒

晨八時許起。昨晚十二時後始入睡，頭腦仍覺頭痛。

午前核辦文電十餘件，餘時均與立夫閒談而已。有客在座，即無心作事。此余之所最苦者也。午飯後一時到飛機場送委員長動身赴太原，聞明日即歸去。三時歸軍校，

發表消息一則後即小睡，直至四時卅分起，六時後始覺精神稍佳。

夜未作事，十一時寢。

11 月 18 日　星期三　晴

八時起。昨晚睡又不佳。

今日承命改撰剿匪總部政訓處告同人書，自午前九時起，至晚九時止，僅寫成一千餘字。時作時輟，思緒拙滯異常，腦筋刺痛，到園後散步亦無效。蓋稿經數易，改來改去，益見冗蕪不可整理。近來交擬文字往往不能如期交卷。自信力喪失盡矣。委員長午後自太原返洛。

夜十一時寢。

11 月 19 日　星期四　晴

晨八時十分起。昨睡尚佳，但心中牽縈於未完成之文字工作，夢中亦在構思，至以為苦。

委員長午前十時一刻飛濟南晤韓復榘，午後三時由濟起飛，五時抵洛陽，余以疲甚未同行。

自午後三時起始將心思集中於文字的繼續改寫，進行尚迅速，至五時五十分完成，即交學素等分別清繕之。夜核辦文電十件，並核閱發文四、五件，發洛七號家書，並寄四弟書，與慕尹談近事。

十時卅分寢。

11 月 20 日　星期五　晴

晨七時卅分起。將昨所擬就之文稿再加校閱一過，九時面呈委員長審核。

十一時滕若渠參事、陳念中司長及董作賓教授來訪，談洛陽方面保存古物之重要，知古物保存委員會已在洛設辦事處，以傅雷（怒安）為駐洛辦事員云。午後奉命為撰一文字，腦力遲鈍已甚，久久不能就。約學素遊校本部花園。歸室核辦文電十餘件。夜委員長約往晚餐。餐畢交下昨日所呈之文字，命再加入二段，與邵存誠兄談甚久。

十時卅分寢。

11 月 21 日　星期六　晴

晨七時五十分起。昨晚一時卅分始入睡，但睡眠尚深，晨起不甚覺疲倦。

本日來電特多，約二十餘件，以報告日德同盟事居其多數。又核閱四組發文五、六件。方子樵、劉季洪（河大校長）、王幼樵三君來訪，午後五時同見委員長，王幼樵為濟南博物館館長，送來碑誌多種。

夜委員長招待晚餐，命撰一論文，論國際情勢變化與我國當前之要務，蓋鑒於日德意結合後世界二大壁壘對立愈顯，我國應標明自主之立場也。

夜十一時寢。

11 月 22 日　星期日　晴、寒甚

九時卅分起。以昨晚雖服藥一又四分之一片而仍不能熟睡，直至二時許始合眼也。今日天氣驟寒，短衣單薄，殊有瑟縮畏寒之感。方希孔兄自京來，擬以除奸清匪為最近期內之中心宣傳。十二時同見委員長有所請示。委員長命將前所擬之第二稿交希孔攜京待命再發表。本日核辦文電十四、五件。張外長昨來三電，中日交涉有停頓勢。傍晚發中央社一電，發表十三、廿五軍軍長及騎七師師長到晉綏之消息，又電彝鼎囑即來洛。

十時卅分寢。

11 月 23 日　星期一　晴

八時起。昨晚睡眠較佳，今晨精神舒爽，頭腦亦清澄寧靜，與前數日不同。

核辦文電七、八件。今日來電殊少，唯徐培根來電報告日德締盟未成熟較重要耳。

為委員長擬致旅長以上各將領函稿，每人送二十六年日記一冊，電軍委會照辦。又發私函數緘。今日得允默函，知盼余信甚切，即去一電告以在洛無恙。然知彼接電後必更不安也。夜與錢、蔣閒談。

十時寢。

11月24日　星期二　晴

八時起。忽患腹瀉，起床後連瀉三次，皆係液體，而有絲狀之黏性物，又腹痛殊甚。至九時後疲極不能支，乃就床僵臥，但瀉仍不止，每隔半小時必瀉一次，全為液體，始則中有小黑片如菜葉者，繼為黃黑色液體，繼為黑色液體，最後為米之狀之液體，陸醫官來診視，服白蘭地一格，至四時後始止。然疲憊已極，周身無力。五時方之來診，勸余服蓖麻子油，余以腹痛已極，不欲再瀉，乃改用另一種藥粉。

夜慕尹、辭修均來探視，委員長亦命人來視疾，余均在昏睡中也。

11月25日　星期三　晴

晨六時卅分醒。

自昨夜十二時瀉少許許液體後，泄瀉已止，但腸之各部均作痛，胃腸相接處撫之亦作痛，繼而腰部亦作奇痛。以久睡無聊，強自起坐。方之再來診視，謂熱度已退（昨日為卅八度），當無他患，囑靜臥勿進食。

九時學素送重要文電數件來，草草閱之。要邀彞鼎來，以授擬撰文字之主意及內容綱要，囑其搜集材料，初步起草。十一時仍就床安睡，內臟各部隱痛時作，屢睡屢醒。一時食稀飯一小碗，再睡至五時卅分，以骨痛不能再睡乃起。天氣寒甚，改穿長袍。

學素來問疾，又攜來電稿四則，改定後發之。七時

再食稀飯一小碗，以胃空虛亦作痛也。

八時委員長到室外散步，便過余室，詢病狀，謂或係著涼，當慎飲食加衣服也。邵存誠來談，我軍克服百靈廟，為之欣喜。改擬成都分校一期學員畢業訓詞（二十八日行畢業式），即發出。

十一時就寢。

11 月 26 日　星期四　晴

晨八時起。昨晚睡尚佳，所患亦減，但腹部仍作痛，精神疲極。

核閱文電十餘件，日德協約事，據程大使自柏林電告，謂彼國外部不否認其事，但主要目的為共同防止國際共產主義，已見其草案僅寥寥三款，有各國如願加入此協約者，則歡迎加入之語。另有議定書三條，則係關於（一）交換情報；（二）宣傳；（三）組設委員會，設計防共工作云云。

午後小睡一小時起，閱數日來之情報及彝鼎所搜集之材料。

聞委員長將有西安之行，而侍從室內之某某兩君乃秘不令余知之。此種情形，用意何在，殊令予百思不解。此次來洛以後，頗多神經過敏之感覺，今又添一根觸之資料，夫余何日不思脫離此職，人亦何必多方相擠乎。

夜十一時寢。

11月27日　星期五　晴

晨八時起。昨日起腸患似稍減，但腹之左上角仍作痛，今日亦然。

核閱文電十餘件，委員長本擬去西安督視剿匪軍事，嗣以事未果。

何雪竹主任自漢來，談漢口情形及楊暢卿被刺案之破獲情形，並及中日事件，彼謂駐滬之日海軍司令均漸易以硬派人物，乃極可注意之事云云。

承命擬談話稿一件，擬以大公報訪問消息之形式發表，意在表示對綏戰之立場與限度。午後呈核，反覆修改兩次，以原稿電張部長岳軍酌定之。

傍晚又承命將前代中宣部所擬之文稿補充一段，以日德協定已披露，應說明我國不肅清漢奸且消滅殘匪，將無逃於內外雙重夾攻之危險，亦反覆審閱數次而定。即晚電方希孔囑與張部長商量後發表之。又致張部長電：擬間接示意日方於犯綏不逞後適可而止，則我仍可與繼續談判云。

11月28日　星期六　晴

八時二十分起。昨晚工作太遲，睡眠頗受影響。

核辦文電二十餘件，今日來電較多，因日德約成，各方報告紛至也。

午後小睡，補足昨晚之睡眠。既起，覺精神較好，且腸胃亦通暢。取近日情報一一閱之，並薈集關於日德協定之材料，晚飯後會合研究之。並閱宋牧仲集一卷，朱玖

瑩君所貽也。

　　十一時寢。

11 月 29 日　星期日

　　八時十分起。昨睡眠尚佳，但晨起面部浮腫，眼頰亦然，不知何故。

　　承命將消滅殘匪文字再改擬並補充一段，又修改本日紀念週講話稿，直至十二時始定稿。

　　伯楨先生自滬來洛，李幼椿君自北平來洛，招待談話，竟日無休息。五時兩君先後入見，幼椿攜來曾慕韓函，承命覆之。晚飯後核閱文電二十件，八時幼椿去。與伯禎、方之談至十時始別。

　　十一時卅分寢。

11 月 30 日　星期一　晴、較暖

　　晨七時起。

　　昨晚仍未熟睡，以今晨有專機往京，有要函待發，故早起。

　　作致京友函數緘，又寄家書，補索寒衣及日用各物，蓋一時不回去也。

　　核辦文電十餘件，修改祭王軍長治平祭文一件，侍從室職員中無能作韻文者。張劍鋒又在京未來洛，此文乃蕭乃華撰擬者，僅三小時成十六韻，殊佩其敏捷也。

　　十一時覺疲甚不能支，即就睡片刻，仍不能入眠，

至十二時卅分起午餐。

　　午餐後精神稍佳，整理旬日來之情報等件，批閱良久。以天時晴美，乃在會前庭園內作卅分鐘之散步。回室治事，即覺腦力較勝矣。夜無事閱宋牧仲集。

　　自京來洛，忽已一月有二日，綜計患失眠之時當在十分之八以上。尤所苦者，上床後必須經過一、二小時纔能合眼，心不能閒，總由修養不足之故，希望下月不如此耳。

　　十二時卅分寢。

12月1日　星期二　陰、有小雨

晨七時四十分起。昨晚睡仍不甚酣，晨起略有傷風。向午有雨，旋下微雪。

核辦文電約二十件。

九時將昨晚擬就之「救國中心工作」一文摘要呈閱，奉諭可寄交西北總部政訓處印發，但不必登報。奉命致吳市長電，為沈、王等事。轉呈立兄一電，並覆。

夜慶祥、方之宴伯楨先生，余被邀作陪，餐畢歸室。與彝鼎談日、德、意協定事，並與伯楨談非常期準備甚久。十一時卅分寢。

12月2日　星期三　晴

晨九時起。因昨晚服藥一片半，睡極酣，故今晨精神極佳。

擬覆白健生電，並決定發表談話一件，即電中央社發表之。核辦文電約二十餘件。近日來電又較多。

午餐後小睡至二時卅分起。張副司令自西安來，與談良久。午後核改講稿兩篇，續辦文電十件，並檢閱十一月份之日報，搜集參考材料彙存之。接允默來函，並寄來食物。

十一時寢。

12月3日　星期四　晴

晨八時起。以委員長將有西安之行，蒙許假期一星

期，並命將中政會各事與朱秘書長接洽，以朱不日將赴浙就主席職也。

承命擬覆馮、孫、李諸人電，對沈鈞儒等案說明政府之方針，並核定講稿數篇。又覆立兄一電。

下午及晚間兩次謁談，委員長以青島又發生事故，憂思至深。

夜化之、荻浪諸兄均來話別，彼等明日赴陝。十一時偕伯楨、彝鼎同至車站乘隴海車東歸。

一時寢。

12月4日　星期五　晴

晨九時卅分起。在隴海津浦車中。昨晚十二時開車，凌晨過開封未下車。十時許諸君陸續起床。洪君陸東昨來洛，事畢回京，亦同行。途中得此健談之友，頓增興趣。一時車抵徐州，換乘平滬通車。車中無事，繼續與陸東、伯楨諸君閒談。七時晚餐，在餐室遇馬夷初先生由北平來，云將歸杭州省母病，談平津近狀甚詳。十時卅分到浦口，汪葆恩來接，遂渡江別諸君歸寓。一時寢。

12月5日　星期六　陰

晨八時起。

昨晚睡眠尚酣適，今日精神略佳。到南京後覺所呼吸之空氣含水分較多，與在洛陽時不相同，殆即所謂水土關係歟。今日決定在寓休息，不出外。第五組諸秘書擬來

談，以病辭之，約以明日。

午邵翼如兄來訪，談彼赴粵、桂所得之感想及此間對匪偽侵綏之觀察等，約一小時始去。

午後無事，閱最近數期之雜誌。夜十一時寢。

12 月 6 日　星期日　晴

晨九時五十分起。

十時往赤壁路訪朱騮先君，談中政會事。騮先即將去浙接事，其家訪客踵集，多半為請託人事而來者。旋陸東亦來談，余遂辭出。至常府街訪立兄，適李協和在彼，為營救沈某等而來也。立兄告余以近日南京一般人之情緒，談至十二時卅分歸寓午餐。泉兒亦回寓。

午後次行、秋陽先後來，三時挈樂兒往訪佛海兄，略談即歸。四時滄波來談遊綏感想，晚飯後去。夜九時宗武來談。

十一時寢。

12 月 7 日　星期一　陰

晨九時起。昨晚睡眠不佳，且多夢，蓋談話太多之故也。

閱報知黃膺白先生於昨日九時卅分逝世，其病係肝癌症。憶九月中旬，張公權來廣州時，談及黃病，謂某西醫斷定其生命不能延至三個月以上，今適為三閱月矣。黃氏智慮周敏，富於肆應之才，然兩次當外交之衝，均蒙惡

名以去，病中鬱鬱，聞頗不能自解，竟以隕身，亦時代之犧牲者也。

十一時到軍委會約五組各秘書談話，僅毓九、慶譽、方理三人在會。方理對國事較有熱忱，謂擬以法語周旋意、捷、波諸國使館間探聽國際消息。余鑒其誠，允之。又與張劍鋒談，告以潛心研究，不必多所猜疑。十二時四十分歸寓午餐。

午後無事，剪貼關於中日交涉，日德同盟及剿匪軍事等等參考材料。閱國聞週報三期。閱鄒韜奮之坦白集，其見解與三、四年前似不相同。吳頌皋兄來談約兩小時。夜讀詞學季刊，龍榆生所贈也。十一時卅分寢。

12月8日　星期二　晴

晨八時十五分起。昨晚睡甚適，今日天氣和煦，精神舒爽。

作私函五、六通，皆久應答覆而稽遲未覆之信。在洛陽時，神思散漫，百事俱廢，今回京乃料理之。

午後三時往訪立夫，以委員長來電囑有事面告之也。歸途至國際攝影社攝四寸半身照片，四時卅分歸。貢華來談，願到湖北服務。六時秋陽來談，託其代辦寒衣。

夜無事，讀宋人詞。九時潘伯鷹君來訪，談至十時卅分去。作家書寄大哥四弟。十一時卅分寢。

12月9日　星期三　晴

晨八時五十分起。

午前搜集關於國際形勢變遷之材料，備作文用。十一時方希孔來談，十二時去。

午後一時去湯山訪葉楚傖先生，彼自前月中旬患病請假，休養於靜江先生之別墅，近服陸仲安之藥，並戒酒不飲云。所換手顫目蒙及心跳之症均次第痊癒，與談京中近事甚詳，並出示頌蔣先生壽之七言長古一章，三時卅分辭歸。傍晚佛兄伉儷來訪，已而鶴皋、公弢及秋陽同來余寓。六時佛兄等去，余託秋陽做短裝一襲，令成衣匠量取尺寸。七時偕鶴兄等到夫子廟梁園吃烤鴨。八時卅分歸，子翰來談。接力子先生電。十一時寢。

12月10日　星期四　陰、下午雨

八時起。

繼續搜集關於國際問題之材料，分別整理研究之。乃知近時之研究國際問題者，十有其九皆懷挾成見，以附和社會主義為取悅讀者計，真其能就事論事，剖析真相者不多覯也。

九時卅分道鄰來談一小時，談日德同盟事，甚有創見。十一時公展來談，擬在滬集合同志研究非常期之準備。

午後秋陽來談，秋陽去後，繼續工作。傍晚得委員長電，即覆之。並發致學素一電，夜高晶齋來談。九時驄先來談，十時卅分去。

十二時寢。

12月11日　星期五　陰　下午雨

九時五十分起。昨晚睡眠不佳，直至二時許始服藥安睡，故晨起特遲。

今日仍繼續閱讀各雜誌中關於闡論歐洲兩大陣線之論文，及關於巴爾幹諸國形勢之剖析。余近年對國際政治不甚注意，此三日間之貫穿研究，始獲得大體之瞭解。

傍晚果夫來談甚久。彼謂養甫不願放棄鐵次之兼職，囑余向蔣先生言之。七時偕允默攜兩兒赴佛海家晚餐。包慧僧、嚴慎予、公弢、滄波同席。餐畢閒談，至十二時歸，即寢。

12月12日　星期六　陰

晨八時起。昨夜睡又不佳，但今晨七時即醒，不能成眠。

午前擬著手草擬關於國際問題之論文，不知如何，心緒煩亂異常，只略為搜集材料及草定大綱而已。十一時養甫來談其在粵港工作情形，直至十二時卅分始去。

午後仍繼續草擬文字。開先及羅隱柔君來訪。其時忽接果夫先生電話云，西安有兵變，余處未得消息，心極

不安，遂將工作擱置。六時有三處約會，以士遠師親來相
邀，不能不去應酬，遂將蕭錚、嚴慎予兩處謝絕，而赴考
選會晚餐。

八時歸寓，知西安事擴大，乃急赴何部長宅探聽消
息。始知張學良等竟以兵力劫持介公及中央各軍政長官於
西安，而發出通電，要求改組國民政府，停止一切內戰等
等。如此奇變，真出意料之外。予身為侍從人員，適在後
方，未能患難相共，此心何以自安。其時中央諸委皆在何
宅談話，十一時決定召集緊急會議，先舉行常會，丁先生
主席，決議對張學良嚴厲制裁，並決定安定中樞辦法。又
以指揮調遣軍隊之權交軍政部長行使之，會議畢已四時，
即決定以常會決議作為中政會決議，由于先生簽名於會議
錄，並即晚由國府下令免張職。五時歸寓就寢，不能入睡。

12 月 13 日　星期日　晴暖

清晨七時始朦朧入睡，至九時卅分醒即起，頭痛如
裂，不復能顧矣。

五組羅、徐、何、李四秘書來探時局真相，約略告
之。旋何侍衛長、黎班長、胡副官等來，略談而去。

十時卅分到葉公館會談，果、立、厲、希、佛、諸
君均到，商定請各省軍政當局申明正義，擬電稿二則，即
發出。時已十二時，遂歸家午餐。心中悲憤憂急，且以時
前不及覺察堅決勸諫，引為重大失職，益感難過，遂不能
下咽。午餐後溯中兄來談，約半小時去。以昨夜聞蔣夫人

來京，遂至孔宅往候，作短箋問介公起居，託端納君攜陝
面呈，並與夫人及孔先生略談。二時卅分到清涼山慰錢夫
人，以聞慕尹有受傷消息也。三時中央政治委員會開會，
林主席、孔副院長、何軍部長、張外長、程參謀總長均有
報告，決議如昨日所定之方針，授權政院、軍委會處理
之。六時散會。擬消息二則。七時歸寓晚餐，僅盡一器。
夜疲極，九時睡。

12月14日　星期一　陰

晨八時起。九時赴中央黨部紀念週，由居委員主席，
報告陝變經過。繼由馮煥章先生演講，詞極嚴正。十時紀
念週完畢，在中央第一會議廳接開談話會。參加中委約
五十人，相互報告消息，交換意見，至十二時許散會。與
佛海略談，一時歸寓午餐。午後往訪楚公等，知消息異常
混亂，滄波來談，囑修改文稿一件，六時完畢，即送出。
夜代君山兄等起草文稿一件，至十一時始送出。十二時卅
分寢。

12月15日　星期五　晴

晨九時卅分起。昨澈夜未眠，清晨始稍合眼，倦疲
之至。

十時到中政會秘書處閱明日之議案，即攜往戴宅，
請季陶先生核定。適李君佩、胡木蘭均在彼，季陶留商談
時局，彼受刺激後言語激越異常，聞之極悲慨。自戴宅出

後，至楚傖家一轉，十二時歸寓。季鸞來訪，對時局極憂慮，囑約立夫一談。二時秦墨哂來訪，談半小時始去。何西亞自滬來，即留彼居余寓，襄助處理文件。三時偕季鸞到立夫家會談，養甫亦來，談至六時始散。其時聞端納已到洛陽，委員長在陝鎮定不屈，旋雨農來訪，七時到孔宅見蔣夫人，修改消息一則。八時卅分到何宅聚會者二十餘人，以有事與希孔商談，略坐即出。乃為季陶約往其家坐談一小時，覺其神經刺激實深，告余明日中政會不出席，百方慰勸無效。十一時歸寓。希孔來談。旋公弢亦來談，十二時就寢。二時始入睡。

12 月 16 日　星期三　陰雨

晨八時廿分起。

如時到中央黨部出席中政會定期會議，孫院長主席，決議例案六件，並決議處置西安叛變由國府下令討伐，派何部長為總司令，十二時散會。到秘書處辦發急要文件畢，時已一時，遂歸午餐。胃呆不思食，餐畢小睡，頭痛而醒。三時到中政會辦發尋常公文數件，四時歸寓。

念時局憂憤悲痛，焦思無策。至六時往訪立兄於其寓，相對太息，覺國事自此荊棘日多矣。晚餐亦不能食。夜接外舅來函，與居亦僑商侍從室事。十一時寢。

12 月 17 日　星期四　陰寒、雨

晨九時十分起。盥洗畢，赴軍委會。

　　約集五組秘書談話，至十一時散。接見丁參謀報告留洛人員情形，又約張秘書余會計指示數事，時已十二時卅分，即回寓午餐。

　　餐畢往青石街左舜生君寓訪李幼椿，彼方自北平歸來，對營救委員長貢獻意見數端，且謂目前應以使蔣先生出險為唯一要著，徒憤恨無益。旋即至立夫家，知彼在勵志社，乃往晤，略談即歸。

　　覺周身發冷，疲極小睡，未一小時即醒。七時應孔先生之招至其家商酌廣播講稿，晤子文、敬之諸先生，知蔣銘三已由陝飛洛。夜子翰來訪，八時卅分往訪靜公，與果、立、養諸兄會談，至十時歸。

　　十一時卅分寢。

12月18日　星期五　微雪、雨

　　晨八時起。連日睡眠缺乏，昨晚更少，僅睡四小時不到，頭痛心跳並作。

　　八時卅分到軍委會，發函數緘，擬約曹浩森次長談話，故未參加本日之中央談話會。十一時曹次長來訪，談半小時去。即往訪幼椿於青石街左寓，與談時局，憂憤無已。一時歸寓，聞蔣銘三主任自西安歸，不及午餐，即至孔宅相訪。晤談後始知孝先、乃華（僅謂蕭速記中彈）均殉難，元冲兄噩耗亦證實，悲悼何極。半小時後同至何宅午餐繼續敘談，楚傖亦來參加。五時歸寓，以楚公意，擬約各常委今晚集中政會談話，即電告子鏡兄預備一切。夜

七時卅分到中政會，九時丁、陳、孔、葉、馮五常委，居、孫、戴三院長，朱、何、程三軍事當局，張外長、陳海長，均到會。由銘三報告事變經過。亦均憤慨。十二時談話畢，承命擬新聞及電稿各一則，匆匆歸寓。接季鸞電，再往何宅，與岳軍、季寬、天翼、立夫諸兄商談。明日季寬決飛太原，談畢歸寓，已三時矣，輾轉不能寢。

12 月 19 日　星期六　雪、轉寒

凌晨五時後始合眼，七時卅分醒，又睡至九時五十分起。

十時以立夫、養甫諸兄之約，往中央黨部商酌。致閻百川、趙次隴電稿各一件。又為養甫兄等擬電稿一件，措詞極費斟酌。十二時偕滄波、佛海、養甫同往北極閣訪子文，略談數語即出。與養甫同車歸寓。聞蔣夫人將飛洛陽，即往孔宅訪之。旋至機場，則蔣夫人臨時中止西行，由子文先飛陝。遂送子文上機，鄭重握手而別。二時卅分歸寓。

慨念時局，憂心忡忡，又以侍從室同人殉難者固極慘烈，且多數安危莫卜，懸念無已。發電至慕尹處探詢，恐未必有覆音也。四時，天下雪大，往佛海家與井塘茂如君強諸兄談時局，五時卅分歸。蔣夫人約往談，多憤慨語，極力解慰之。並與庸之先生略談。七時卅分歸晚餐。發柏林程大使一電，又覆張季鸞一電。荷君兄來談平津情形，十一時寢。

12月20日　星期日　晴

九時起。

盥洗畢，以翼如在陝殉難消息已公開，即赴中政會囑置備花圈致送。旋即至童家巷玄圃唁慰默君夫人，並就靈前行禮。元冲奔走革命近三十年，此次赴陝，全為策應綏遠戰事而往，竟罹非命，及此橫禍，宜為全黨所悼痛，不僅同學關係，有氣類凋零之感也。十時卅分至軍委會約集何前侍衛長及周、許兩秘書，商調查侍從室被難人員事。今日報上將孝先組長、乃華秘書遇害之消息均已公布，對其家屬不可復秘。然以余所聞，則只聞蕭速記被害，不知其果為乃華否。昨電詢慕尹亦未得復，如其在湘家屬來問，甚難確實作答。至孝先夫人懷孕九月，即將臨盆，聞此慘耗，至為可憂。乃託荻浪夫人前往照料，並派周、許兩秘書代表前往其家慰視，乃不令知真已被戕也。繼與何侍衛長談甚久，十二時卅分歸寓。遲兒來家，旋滄波來，午餐後去。滄波談時局，對戴先生大表欽佩，謂處危臨變，應有此一種氣象纔好。客去後覺疲甚，小睡至四時半始起。往訪楚傖，見其憔悴，知連日憂勞已甚。六時歸寓，晚餐，公弢來談，陝省郭紫竣、劉清源二君自西安微服間道來京，即往立夫家晤詢圍城中情形，並探乃華之耗，仍不得要領。自立夫處見張覆銘三電固執猶昔，八時卅分往謁靜、稚兩公。趙芷青君亦來談，十時卅分歸，接幼椿函，即轉庸公。十二時寢。

12 月 21 日　星期一　晴

晨八時卅分起。昨晚睡眠尚佳。

九時赴中央黨部出席紀念週，由葉先生主席，並報告討逆軍前方戰事情形及國策不變，約四十分鐘完畢。退至第一會議廳，養甫兄等出示文電數則，傳觀研究。亦同、清萍諸君均來談，至十一時散。到中政會秘書處一轉，即歸寓午餐。午後到板井新村梅園視居院長，請示本週中政會應開會否。居先生以無要案，謂可不開，稍坐即出。至軍委會，命亦僑等分赴羈陝諸人家屬安慰之。四時卅分到明故宮機場迎宋子文先生，與何敬之部長同車到何公館，談話約卅分鐘，即到孔公館探詢消息。晤天翼、墨三、銘三諸兄，又與李煦寰、鄒洪、陳策諸君談，彼等方自粵歸也。七時，蔣夫人出見，告余謂子文先生暈機，嘔吐不能談話，遂歸晚餐。餐畢，厲生兄來談。旋立夫亦來，同至葉宅與楚、果兩兄談，知子文此來，一切不得要領，憂憤之至。旋葉先生及立夫均赴何宅，余與果、養諸兄待至一時卅分始散。二時歸寓。三時寢。

12 月 22 日　星期二　晴

晨七時即醒，以睡眠太少，強睡至九時始起。目燥而痛，心跳不止。

今日中央黨部有談話會，以事未參加，九時卅分至軍委會，聞蔣夫人今日決赴西安。日前屢屢諫阻，然其意甚堅，不可復止，奈何奈何。十時至通濟門外機場送行，

同行者子文、銘三諸君，雨農亦西行，多人阻之均不可。
十一時視機起飛後乃歸。感痛淚下。至中央黨部第一會議
廳，與立兄、佛兄談，均為之頓足太息。

　　旋即赴考試院寧遠樓訪季陶先生，談一小時，十二
時卅分歸午餐。滄波來訪，午後二時同至陵園孫院長，
晤王亮疇及粵友多人，略坐即出。至建委會招待所訪
靜、秩二公，覺生、季陶、鼎丞、果夫均來會談。蓋彼
等先有約會，予適往訪，遂亦旁聽焉。商確立中樞重心
之方案，決明日中常會中政會同時開會，即至中政會秘
書處辦發通知。六時歸寓。秉琳、伯楨來談。旋唯吾來
訪，夜十時寢。

12月23日　星期三　陰寒、微雪

　　晨八時起。昨晚服安眠藥一片半，晨起極勉強，頭
痛劇作，不可忍。

　　八時卅分到中央黨部參加會議，首開常務會議，由
丁先生主席，通過：（一）推居委員覺生補常務委員，並
代理主席職務；（二）中政會主席副主席未回京前由林委
員森暫行代理。接開中政會第卅一次會議，由林先生主
席：（一）為西安死難諸烈誌哀；（二）通過褒卹在陝變
殉難死國諸官長士兵之辦法三項；（三）何總司令報告軍
事情形後，全場一致起立表示擁護。十六日決議案責成討
逆總司令迅率國軍切實進行實施。十二時卅分散會。

　　歸寓午餐後覺有寒熱，稍睡至二時起，季鸞來談，

焦憂見於詞色。旋知鈕惕生先生見訪，即往中政會與談一小時。核發公文四件，與雲光兄等略談，即至石板欙如意里五號訪林主席，值外出遂歸。覺週身發冷，頭痛已極，夜不能作事。仲肩、次行來談，十一時寢。

12 月 24 日　星期四　晴

晨八時卅分起。昨晚至一時後始入睡，睡中多惡夢。

九時卅分應靜江先生之約到建委會招待所會談，到居、丁、戴、稚、果、立、益之、楚傖諸先生，傳觀韓、宋漾日通電，決定以居先生名義覆之。又決定宣傳方針數則，並討論如何使國府主席實施統帥權之方法。以問題重大，未有所決定。繼由益之先生報告前方軍事情形及各地駐軍情況，又決定請訓練總監部下令阻止赴難團前往陝西，免使青年受無謂之犧牲。討論畢後，靜公赴滬。一時歸寓午餐，滄波來談子文二次赴陝，太無把握，並述其個人對統一國論之主張。二時卅分往葉宅，與覺、楚二公談中政會事，請求派一幹練同志代秘書長，而予仍以副秘書長輔佐之。二公謂須商之林主席。三時卅分往考試院訪季陶先生，晤朱經農君，旋經農先別，與季公有極痛切之詳談。六時歸寓稍休，覺週身發冷，且心跳又作，蓋最近三日神經衰弱極矣。夜聞外間傳說甚多，大半不可信，十一時睡。

12月25日　星期五　晴

晨九時卅分起。昨晚睡仍不佳。

盥洗畢，略進早食，即赴軍委會辦公，聞蔣銘三及雨農昨夜已抵洛陽，有今日回京之說，乃頻向航空總站等處探詢，十一時知雨農已到，而銘三未來，即驅車至何部長公館往訪之。墨三、天翼、君山、健羣諸兄均在彼。據雨農報告謂：張學良已大有悔意，宋子文先生正在向楊虎城方面勸誡，如無其他波折，一、二日內當可送委座回京。

十二時卅分歸寓，與立夫在電話中接談，憂急無已。中政會科長楊子鏡來接洽處務，以印鑑交之。旋滄波來談，至二時許始去。三時到林主席官邸參加談話，到者孫、居、戴三院長，馮、何、程、朱四軍事長官，孔副院長、葉秘書長及余共八人。傳觀各項情報，並決定對韓、宋通電個別答覆。及派員分赴川、桂、冀之辦法，諸公均擬請朱子橋赴冀魯，以吳禮卿赴湘桂，五時會談畢，余稍留，向主席報告中政會秘書處情形。六時往訪立夫，代季鸞拍發一電，即回寓。則各方電話紛至，均謂委員長已抵洛陽矣。即往何公館詢問，知完全屬實，不禁悲喜交集。夜先後訪季陶楚傖諸公，商預擬談話要點。旋至果夫家詳商久之。即擬定一稿，到軍委會一轉，今晚以長途電話向洛陽詢問，得覆不必赴洛，明日委員長必返京云。十二時卅分歸寓，就寢已將一時矣。

12 月 26 日　星期六　晴

　　晨七時卅分起。昨晚睡不足六小時，晨起當不覺甚疲。

　　略閱本日各報後即赴軍委會，以委員長即返京，而侍從室同人均尚在陝，乃商謝耿民秘書暫來官邸代汪秘書職務，派汪葆恩暫代收發，熊齊、樊孝鉞代四組事。又與何侍衛長等商警衛等辦法，擬談話稿畢，已十一時卅分。即往通濟門外機場迎委員長。比至，已下機，向余點首，囑即至公館相談，遂回軍委會，入官邸晉謁。見其面容憔悴，睡床上蹙感呼骨痛不已。余趨前握手，幾於淚下。命余就旁座，口述在陝對張楊訓話要旨，另授余草稿一紙，囑即修改補充。下樓見張、何、朱、程、翁諸人均在座，紛紛索閱訓話稿，互商要點後，即至侍從室著手起草，並約劉大鈞君來室翻譯。客多事繁，心不能專一，至四時卅分接見各常委、各院部長共二十五人，報告事變經過，及向中央請求諸點。馮、孫均有意見發表。談約卅分鐘而散。另擬談話稿一則，撰發消息三則，又錄送張漢卿呈委員長之函交中央社發表。晚飯後發晉、魯、夏、粵、桂、川、滇、康、藏、寧、青等處電十餘件，往陵園新村訪蔣夫人，商定發表之英文文件，並奉命以電話與何部長及子文先生接洽數事。又兩謁委員長，奉命發表致各地同胞一電。九時卅分中央社蕭同茲兄偕英文部主任沈劍虹來訪。十時別去，即歸寓，閱私函五件，十二時寢。

12月27日　星期日　晴

晨七時四十五分起。昨晚因用腦太過，不能安睡，數數驚醒。

八時卅分到軍委員侍從室，兩次入見委員長，承命發粵、川各一電。又以各高級將領迄無消息，電詢洛陽，亦未得覆，乃以委員長名義，函張漢卿派機往接。旋子文來，又切託之。並致楊虎城電，請其設法使侍從室同人來京。十二時歸。

午餐後滄波來談，匆匆即去。一時到會，見委員長，商中央開會各事。二時聞辭修等乘歐亞機來，到機塲迎之。雨岩、一民、慕尹、俊如、武樵、雪軒、武鳴、百里、存誠諸君均同來。慕尹消瘦已甚，匆匆握手，未及多談。仍回軍委會，陸續辦發文電十四、五件，並擬發鼓勵綏邊前方將士一電。傍晚歐亞機第二機到京，毛、汪、葛、蕭諸秘書均同機回京。晏甸樵亦來。與汪、葛二兄談陝變中同人所受困辱情形，深為憤之。晚餐後又續辦電稿數件，聞蔣介卿先生今午逝世，與蔣夫人商不令委員長知之。請枕琴先生即晚回奉，為之料理，並為蔣夫人發一電。八時五十分到中央飯店訪伯誠及武鳴夫人，談約四十分鐘，知力子夫人受傷情形最慘，但尚可治。甸樵不遇，遂在中央飯店理髮而歸。

十一時寢。

12 月 28 日　星期一　晴

晨八時十分起。

昨睡仍不佳，近日唯賴法國藥劑維持精神。

八時卅分以委員長電招，即往官邸趨見。委員長一見即問知家兄一噩耗乎。神情至為悲痛，即囑枕公代為照料喪務，並交下何部長代擬電稿，即送宋先生拍發。旋邵存誠組長及蕭化之秘書等來談。十時卅分再見委員長，報告中央對時局之意見。張、吳、王諸部長先後來見，又陪稚公及協和先生同見委員長談話，十二時回室，辦發電文十一件。

午餐畢倦甚，何、王兩侍衛長來商為蔣組長治喪事，三時到中政會參加談話會，到常委六人，孫、戴、居三院長，朱、何、程三軍事長官，李協和委員及稚、溥兩監委。討論對陝變善後等事宜，決定明晨十時開中常會及中政會，五時散會。即返軍委會，將開會情形報告委員長。旋許汝為先生來訪，奉命代為接待。

六時卅分晚餐，擬消息及謝啟各一則，又擬上中央國府引咎辭職呈文，及呈送張學良待罪手書上中央國府呈文稿各一件。九時完稿，交劍鋒清繕後，辦發覆電六、七件，九時卅分將呈稿送委員長核定，即離會歸寓。順道至中央飯店訪晏甸樵，談陝變發生前後之情形。甸樵多引疚自責語。以彼為西北總部之參謀長也。長談約一小時半，至十一時四十分始歸。閱私函七、八件，服藥後即就寢。

12月29日　星期二　晴

晨七時十五分起。今晨未六時即醒，再不能安睡矣。

盥洗畢即往軍委會，校閱抄件，並攜呈委員長請示。九時十五分到中央黨部，以呈文二件面呈林主席，又二件面呈葉秘書長。十時中常會開會，居先生主席，議決：（一）二月十五日開全體會議；（二）蔣院長辭職慰留。接開中政會，仍由居先生主席：（一）對張學良處分案交軍委會依法辦理；（二）停止討逆軍事。十一時散會，與岳軍等談外交；與養甫、楚、果、立等續談黨務。十二時到中央醫院訪慕尹未遇，旋往訪於其寓，談二十分鐘返軍委會午餐。

一時謁委員長，報告午前會議情形，承命發表談話，表示繼續呈辭之意。退歸辦公室，辦發電文十餘件，閱譯報消息及情報六、七件。三時楚傖來談，旋辭去，決定明日上午九時開臨時中常會。楚傖去後，溥泉、煥章、蘅秋諸先生先後來見，代為接待之。莫組長來談在陝人員及死傷者之善後，邵組長亦來接洽組務，彼今日請假返滬。夜起草委員長第二次辭呈，八時面呈核定交繕。發德總顧問唁電二件，核辦文電八件，九時歸，十時卅分寢。

12月30日　星期三　晴

晨七時卅分起。

擬作私函致伯兄、四弟，以時間不敷，卒未暇也。

八時到軍委會，以繕就呈文送辦公廳用印，即向委

員長請示攜往中央黨部親呈林主席及葉秘書長。九時舉行中央常會，蒙許列席旁聽，由鄒委員海濱主席，宣讀二次辭呈後，仍一致主張慰留，唯以身心疲勞，許假一月，並推執監會全體常委親往慰問。余先回報告，嗣各常委、院長等均來官邸，委員長下樓接待，略談而去。辭修、立夫均來余室長談。彼等旋即往葉宅訪楚傖，余與委員長略談後亦即往談。十二時卅分偕楚傖來謁，談約十五分鐘。對陝局善後略有商談，未及具體辦法。並略商宣傳要項。一時午餐。餐畢往陵園新村訪益之主任，稍談即回侍從室核辦文電十餘件。近日委員長不批閱公事，尋常件均逕自辦發，不能解決者只得暫存。三時軍法處陳處長來談，四時子寬、存藩來訪，未接晤。為委員長起草請求特赦之呈文。五時卅分楚傖攜代擬國府令稿來商，即攜呈察閱。楚去後改定呈文稿，八時卅分攜呈核定。宋先生電話索閱，錄副寄之。九時卅分到楚傖家一轉即歸。滄波來談，擬辭報事，竭力慰藉之。十一時卅分寢。

12 月 31 日　星期四　晴

晨七時卅分起。今晨起床頗沉乏思睡，以連日少睡故也。

八時到軍委會，核辦文電七、八件。學素、省吾、自誠諸君均於今晨四時到下關，先後來訪，知侍從室全部人員均已歸來。兩週幽囚，辛苦備至，握手相勞，無言可慰矣。改定蔣先生請特赦張學良呈文，即交繕就，由學素

親往投送文書局長。

十時軍法會審開庭，蔣先生為避囂避客，約余同至頤和路寓所休憩。

承命作致宋子文先生函，並代擬何部長致西安、蘭州安慰各部隊電稿，即分別發出。十時卅分到辦公廳，見朱主任，知審判終結，判張學良處徒刑十年，奪權五年。並與宋先生略談，一時回寓午餐。餐畢稍休，侍蔣先生談話。軍法處送判決書來，親呈核閱。擬往訪朱主任，知不在寓，將筆錄抄副一份，留備參閱。三時卅分奉林主席召往國府，由魏文官長出見，以依照國府組織法，特赦須司法院長提請，商手續久之。四時返會一轉，辦公廳因放假已闃無一人。往陵園謁朱主任，請辦呈送判決書之呈文，並商定將判決文發表。五時到會辦發新聞稿件。陳副處長來談。七時次行來，以新聞稿交之，遂同晚餐。餐畢兩謁蔣先生。盧參謀來談旬樵事。旋與何部長熊主席談。九時續辦文電四件。出至中央飯店訪侍從室諸友，與自誠談甚久。十時卅分歸。知力公已回京，以電話約談，知未回寓，遂止。接閱賀年片二十餘件，民國二十六年之新景象已在目前矣。

十一時卅分寢。

民國日記 04

陳布雷從政日記（1936）
The Official Diaries of Chen Pu-lei, 1936

原　　著　陳布雷
總 編 輯　陳新林、呂芳上
執行編輯　林弘毅
封面設計　陳新林
排　　版　溫心忻、盤惠秦

出 版 者　**開源書局出版有限公司**
　　　　　香港金鐘夏慤道 18 號海富中心
　　　　　1 座 26 樓 06 室
　　　　　TEL：+852-35860995

　　　　　民國歷史文化學社
　　　　　10646 台北市大安區羅斯福路三段
　　　　　37 號 7 樓之 1
　　　　　TEL：+886-2-2369-6912
　　　　　FAX：+886-2-2369-6990

銷 售 處　**遠流成文化 股份有限公司**
　　　　　10646 台北市大安區羅斯福路三段
　　　　　37 號 7 樓之 1
　　　　　TEL：+886-2-2369-6912
　　　　　FAX：+886-2-2369-6990

初版一刷　2019 年 8 月 25 日
定　　價　新台幣 350 元
　　　　　港　幣　90 元
　　　　　美　元　13 元
I S B N　978-988-8637-11-9
印　　刷　長達印刷有限公司
　　　　　台北市西園路二段 50 巷 4 弄 21 號
　　　　　TEL：+886-2-2304-0488